Horizonte

Themenheft

Nationalsozialismus und deutsches Selbstverständnis

Erarbeitet von
Prof. Dr. Hans-Jürgen Döscher

Mit Beiträgen von
Dr. Ulrich Baumgärtner
Christoph Huber
Dr. Katja Köhr
Dr. Wolf Weigand

Die Reihe HORIZONTE
Themenhefte für die Sekundarstufe II
wird herausgegeben von
Dr. Ulrich Baumgärtner

westermann

Zu den Autoren des Bandes:

Prof. Dr. Hans-Jürgen Döscher, Universität Osnabrück, Historisches Seminar.
Wichtige Publikationen: SS und Auswärtiges Amt im „Dritten Reich". Diplomatie im Schatten der „Endlösung", Berlin 1987; Seilschaften. Die verdrängte Vergangenheit des Auswärtigen Amts, Berlin 2005.

Mit Beiträgen von **Dr. Ulrich Baumgärtner** (Umgang mit Bildquellen, Exkurs: Der Weg in die Diktatur 1930–1933), **Christoph Huber** (Die Frage nach der deutschen Identität), **Dr. Katja Köhr** (Das Konzentrationslager Neuengamme), **Dr. Wolf Weigand** (Umgang mit Filmen).

Anforderungsbereiche	
In diesem Buch sind die Anforderungsbereiche (AFB) bei den Aufgaben wie folgt gekennzeichnet:	
⊙○○	AFB 1
⊙⊙○	AFB 2
⊙⊙⊙	AFB 3

Unter www.westermann.de/geschichte-linkliste finden Sie interessante Links zu den in diesem Buch behandelten Themen.

Druck A 1 / Jahr 2012
Alle Drucke der Serie A sind im Unterricht parallel verwendbar.

Redaktion: Christoph Meyer, Martin Engelmann, Dorle Bennöhr, Jasmin Pirk
Herstellung: Udo Sauter
Satz: Ottomedien, Hanhofen
Druck und Bindung: westermann druck GmbH, Braunschweig

ISBN 978-3-14-111389-1

Exkurse im Überblick

Wegen „Rassenschande" am Pranger, Aufnahme aus Cuxhaven, 1935

Auf dem „Reichsparteitag", 1938

Nach dem Pogrom wird das Inventar der Synagoge von Mosbach verbrannt, November 1938

Hans und Sophie Scholl, München, 1942

Jüdische Frauen und Kinder, Auschwitz, 1944

Denkmal für die ermordeten Juden Europas in Berlin, 2007

Nationalsozialismus und deutsches Selbstverständnis

Die Geschichte des Nationalsozialismus und des „Dritten Reiches" ist durch umfangreiche Quelleneditionen, breit angelegte Gesamtdarstellungen und zahlreiche Einzelstudien sehr gut erforscht. Gleichwohl gehen die Meinungen über Entstehung, Struktur und Wirkung der nationalsozialistischen Herrschaft nach wie vor auseinander, je nach persönlicher Herkunft und politischer Einstellung. Ein Beispiel mag die unterschiedliche Wahrnehmung und das daraus resultierende Selbstverständnis veranschaulichen:

Einer Überlieferung aus dem Jahr 1945 zufolge unterhielten sich ein gedemütigter Jude und ein verwundeter deutscher Soldat über die letzten Intentionen der Politik Hitlers: „Der Soldat klagte dem Juden sein Leid: Er sei seit 1937 Soldat, seit 1939 immer an vorderster Front gewesen, inzwischen dreimal verwundet worden und nun auf der Suche nach seiner Familie. Seit einem schweren Bombenangriff auf seine Heimatstadt habe er weder von seinen Eltern noch von Frau und Kindern Lebenszeichen erhalten. Nach einer Pause zog er Bilanz: Er sei deprimiert, ja verzweifelt. Seit 1929 habe er als Mitglied der NSDAP für ein neues Deutschland gekämpft, und nun stehe er vor dem Nichts. Hitler habe nichts von dem gehalten, was er ihm und dem deutschen Volk versprochen habe. Der Jude erwiderte darauf, er und seine Schicksalsgefährten hätten die gegenteilige Erfahrung gemacht. Ihnen gegenüber habe der nationalsozialistische Partei- und Staatsführer alles gehalten, was er ihnen einst ‚versprochen' habe. Jede Drohung sei verwirklicht worden." (Zit. nach: Werner Jochmann, Gesellschaftskrise und Judenfeindschaft in Deutschland 1870–1945, Hamburg 1988, S. 236.)

Diese knappen, aber bemerkenswert widersprüchlichen Wahrnehmungen des nationalsozialistischen Regimes im Allgemeinen und der Opferrollen im Besonderen markieren umstrittene Positionen, deren Spannweite nach wie vor in politischen Diskussionen auszumachen ist. Auch in der zeitgeschichtlichen Forschung ist kein Thema so intensiv erforscht und dennoch so kontrovers interpretiert worden wie die NS-Zeit.

Das vorliegende Themenheft beleuchtet auf der Grundlage gesicherter Forschungsergebnisse wichtige Aspekte der nationalsozialistischen Herrschaft. Die Ideologie der Nationalsozialisten, der Ausbau und die Errichtung der Diktatur, der Widerstand, die besondere Rolle des Militärs sowie die systematische Ermordung der europäischen Juden bilden dabei die Schwerpunkte. Am Ende richtet sich der Blick auf die Zeit nach 1945, auf die Fragen nach Schuld und Verantwortung und auf die Konsequenzen für das deutsche Selbstverständnis. Leitziel ist die Erkenntnis, dass historische Entwicklungen weder eindimensional noch geradlinig verlaufen, sondern von komplexer Natur sind. Zeitgenossen erinnern sich an Ereignisse der Vergangenheit je nach Erfahrung und Erlebnishintergrund in unterschiedlicher Weise.

1. Vorläufer, Programm und Ideologie der NSDAP

Von den zahlreichen antidemokratischen Strömungen, die nach dem Zusammenbruch des Kaiserreiches 1918 im politisch aufgewühlten Nachkriegsdeutschland entstanden waren, wuchs die 1920 in München gegründete NSDAP zur größten politischen Bewegung heran. Dieser Aufstieg wurde zwar auch als eine Folgewirkung des verlorenen Ersten Weltkriegs angesehen, aber die Ursachen des Erfolges dieser Partei reichen noch weiter in die deutsche Geschichte zurück. Zu ihnen gehören vor allem die Schwäche demokratisch-republikanischer Traditionen, die Fortdauer obrigkeitsstaatlicher Gesellschaftsstrukturen bzw. die Kontinuität der Führungseliten nach 1918 sowie deren Anfälligkeit für völkisch-nationalistische Zielsetzungen.

Franz Eher Nachf. G. m. b. H.
Deutschvölkische Verlagsbuchhandlung
Fernruf 20047 • München • Thierschstraße 15
Kommissionär: Herr Robert Hoffmann, Leipzig

4½ Jahre Kampf
gegen Lüge, Dummheit und Feigheit
Eine Abrechnung von Adolf Hitler

Leitspruch
„Sie müssen sich gegenseitig wieder achten lernen, der Arbeiter der Stirne den Arbeiter der Faust und umgekehrt. Keiner von beiden bestünde ohne den anderen. Aus ihnen heraus muß sich ein neuer Mensch kristallisieren: Der Mensch des kommenden Deutschen Reiches!“ Adolf Hitler.

M 1 Urform von „Mein Kampf“
Der noch wenig einprägsame Arbeitstitel von Hitlers „Mein Kampf“ aus dem Jahr 1924

Vorläufer und Quellen

Als Textgrundlage zur Beschäftigung mit der nationalsozialistischen Weltanschauung können das Programm der NSDAP von 1920 und Hitlers Bekenntnisschrift „Mein Kampf“ sowie einige ältere Quellen dienen, auf die sich diese beiden Texte beziehen. Die Frage nach den Ursprüngen von Hitlers Weltbild beschäftigt die zeitgeschichtliche Forschung seit Jahrzehnten. Der britische Historiker Reginald Phelps stellte dazu fest, dass die Suche nach den Quellen von Hitlers Gedankengängen zwar wichtig, aber auch schwierig sei, weil „Hitlers Schwamm-Gedächtnis so vieles aus so verschiedenen Quellen aufsog und sein Selbstgefühl keine Berufung auf ‚Vorgänger‘ zuließ“. Gleichwohl könne man viele Passagen aufzeigen, die sich inhaltlich bereits in den Publikationen der vorangegangenen Generation antisemitischer Autoren finden lassen, von Houston Stewart Chamberlain (1855–1927), dem Verfasser der „Grundlagen des neunzehnten Jahrhunderts“, bis hin zu Theodor Fritsch (1852–1933), dem Herausgeber des „Handbuchs der Judenfrage“. Originell sei Hitler daher nicht gewesen; was er gesagt oder vielmehr nachgesprochen habe, sei seinem Publikum zumindest in großen Umrissen bereits bekannt gewesen.

Die für die Zeitgeschichtsforschung interessante Frage, wann der Antisemitismus für Hitler zum Kern- und Angelpunkt seiner Weltanschauung wurde, kann aus seiner Wiener Zeit nicht zureichend beantwortet werden. Für die Entwicklung von Hitlers Weltanschauung ist wohl vor allem die Umbruchzeit von 1918/19 als entscheidende Phase anzunehmen. Hitler lebte in München, hatte den Entschluss gefasst, Politiker zu werden und verbreitete aggressive antisemitische Parolen. Zu dieser Zeit ordneten sich Hitlers Erfahrungen, so die österreichische Historikerin Brigitte Hamann, wie auf einem „Magnetfeld in eine ‚Weltanschauung‘ auf der Grundlage des Rassenantisemitismus“.

Obwohl Hitler die Grundlagen seiner Rassenideologie bewusst verschleierte, lassen sich dennoch einige Quellen ermitteln. Am 16. September 1919, dem Tag seines Eintritts in die Deutsche Arbeiterpartei (DAP), die Vorläuferin der Nationalsozialistischen Arbeiterpartei (NSDAP), legte Hitler seine grundsätzliche Position zum Antisemitismus dar. Im Auftrag der Reichswehr, für die er in München als Vertrauensmann und Redner arbeitete, nahm Hitler erstmals in einem Brief an Adolf Gemlich zum „Judenproblem“ Stellung. Dieses Schreiben ist das älteste bekannte Dokument, in dem sich Hitler zum Antisemitismus äußert. In dem Brief behauptet er, dass die Abneigung gegenüber

M 2 **Hitler bei einer Rede im Wahlkampf**
Propagandafoto, 1932

Adolf Hitler war 1889 im österreichischen Braunau als Sohn eines Zollbeamten geboren worden. Nachdem er die Realschule ohne Abschluss verlassen hatte, bewarb er sich zwei Mal vergeblich um die Zulassung zum Studium an der Wiener Akademie der Bildenden Künste. Ohne einer geregelten Beschäftigung nachzugehen, führte er in Wien ein zielloses Leben als Bewohner eines Männerheims und hielt sich mit dem Verkauf von Postkarten und Aquarellen über Wasser. 1913 übersiedelte er nach München, wo er nach Ausbruch des Ersten Weltkrieges im August 1914 in die Armee eintrat. Im Krieg zwei Mal verwundet, erfuhr er von der Niederlage und der Revolution während eines Aufenthalts im Lazarett. 1919 schloss er sich in München der unbedeutenden „Deutschen Arbeiterpartei" an, deren Programm er mit ausarbeitete. In der Partei, die sich ab 1920 „Nationalsozialistische Deutsche Arbeiterpartei" (NSDAP) nannte, fiel er bald als talentierter Redner auf, der es verstand, seine Zuhörer durch eine stark emotionalisierte, beschwörende Vortragsweise in Bann zu schlagen. 1921 übernahm er die unumstrittene Führung der Partei, damals noch eine unbedeutende rechtsradikale Splittergruppe.

dem Judentum durch den persönlichen Verkehr mit einzelnen Juden entstünde, und er beklagt, dass dadurch der „Antisemitismus nur zu leicht den Charakter einer bloßen Gefühlserscheinung" erhielte. Der Antisemitismus als politische Bewegung dürfe und könne jedoch nicht bestimmt werden durch „Momente des Gefühls", sondern nur durch die „Erkenntnis von Tatsachen". Als „Tatsachen" zählt Hitler dann all jene Vorurteile auf, die sich auch schon bei seinen Vorläufern im ausgehenden 19. Jahrhundert finden lassen. Zunächst wäre das Judentum, so Hitler, „unbedingt Rasse und nicht Religionsgenossenschaft". Das „Gefühl des Juden" würde sich „im rein Materiellen", im „Tanz ums goldene Kalb" bewegen. Aus diesem Fühlen ergäbe sich „jenes Denken und Streben nach Geld und Macht, das den Juden skrupellos werden lässt in der Wahl der Mittel. […] Seine Macht ist die Macht des Geldes, das sich in Form des Zinses in seinen Händen mühe- und endlos vermehrt und den Völkern jenes gefährlichste Joch aufzwingt […] Sein Wirken wird in seinen Folgen zur Rassentuberkulose der Völker." Statt des „rein gefühlsmäßigen Antisemitismus", der seinen letzten Ausdruck in Pogromen, also spontanen Judenverfolgungen fände, fordert Hitler einen „Antisemitismus der Vernunft", der zur „planmäßigen gesetzlichen Bekämpfung und Beseitigung der Vorrechte des Juden" führen müsse. Letztes Ziel aber müsse „unverrückbar die Entfernung der Juden überhaupt sein".

Das Begriffspaar „Gefühlsantisemitismus" und „Antisemitismus der Vernunft", das Hitler auch in seinen Reden immer wieder benutzte, lässt sich schon vor 1919 nachweisen, besonders deutlich in dem 1891 erschienenen Buch „Der Kampf gegen das Judenthum" des Mediziners und Schriftstellers Gustav Stille (1845–1920). Dieser behauptete, dass fast alle Deutschen eine „angeborene instinktive Abneigung" gegen Juden hätten, die aber „bei vielen reine Gefühlssache" bliebe. Das wäre bedauerlich, denn in „der Judenfrage" genügten nicht „angeborene Gefühle der Abneigung". Die „Judenfrage" sollte stattdessen „mit dem Verstande als das erfasst werden, was sie in Wirklichkeit ist: als eine internationale soziale Frage erster Ordnung, eine Rassenfrage." Sie wäre dringender als jede andere Frage, weil „Gefahr in jedem Verzuge ist, weil die Macht der Juden mit ihrem Geldbesitz in unheimlicher Progression wächst und weil bald überhaupt keine friedliche, sondern nur noch eine revolutionäre, gewalttätige Lösung mehr möglich sein wird".

Antisemitismus und „Lebensraum"

Am 24. Februar 1920 verkündete Hitler im Münchner Hofbräuhaus das Parteiprogramm der NSDAP. Die 25 Punkte dieses Programms vereinten völkisch-großdeutsche, nationalistische, antisemitische, antikapitalistische und antimarxistische Forderungen. Der Kerngedanke war die Vereinigung aller Deutschen in einem „nationalen Sozialismus" zu einer geschlossenen „Volksgemeinschaft" und der Ausschluss der „Gemeinschaftsfremden", insbesondere der Juden, die man unter eine „Fremden-Gesetzgebung" stellen wollte.

Wenn das Programm in Punkt 3 „Land und Boden (Kolonien)" forderte, dann bezog sich diese Forderung vornehmlich auf Gebiete östlich des Deutschen Reiches, die zur „Ernährung" des Volkes und zur „Ansiedlung" eines angeblichen deutschen „Bevölkerungsüberschusses" dienen sollten. Auch in Hitlers „Mein Kampf" findet sich dieser Gedanke wieder: Die „gesteigerte Raumnot" und die „ungenügende Ernährungsgrundlage Deutschlands" würden einen Kampf um „Lebensraum" erforderlich machen, welcher nur „im Osten" zu finden wäre.

Für alle drängenden Probleme der jungen Weimarer Republik – die Kriegsschuldfrage, Gebietsverluste, Abrüstung, Arbeitslosigkeit und Inflation – machten die Nationalsozialisten die „jüdisch-marxistischen Novemberverbrecher" verantwortlich. Der Weltkrieg war in Hitlers Propaganda das Werk „imperialistisch-jüdischer Mächte", der „Schandvertrag" von Versailles das Ergebnis der Arbeit „jüdisch-kapitalistischer Regierungen". Im Judentum sah Hitler den „Weltfeind", den er für das Unglück des deutschen Volkes verantwortlich machte. Mithilfe dieses Sündenbockmechanismus versuchten die Nationalsozialisten, der Bevölkerung für alle Missstände eine simple „Erklärung" zu geben.

M 3 „Die Zukunft."
Antisemitische Postkarte, um 1900

„Führerprinzip“ und „Volksgemeinschaft“

Neben dem radikalen Antisemitismus und einer imperialistischen „Lebensraum“-Politik gehörten das „Führerprinzip“ mitsamt Führerkult sowie die „Volksgemeinschaft“ als zentrale Elemente zur nationalsozialistischen Ideologie.

Hitler wurde als „Erlöser“ präsentiert, der von der „Vorsehung“ mit quasi religiösem Auftrag dazu berufen wäre, das deutsche Volk zu einigen, es von den „Fesseln“ des Versailler „Schandvertrages“ zu befreien und zur Weltherrschaft zu führen. Die Praxis des „Führerprinzips“ verlangte bedingungslosen Gehorsam, den man nur dem „Führer“, nicht aber dem eigenen Gewissen schuldete. Das „Führerprinzip“ wurde zum Organisationsmuster, das alle nationalsozialistischen Gliederungen und Verbände hierarchisch durchzog. Die frag- und kritiklose Unterordnung des Individuums unter die behauptete Unfehlbarkeit des „Führers“ sollte das deutsche Volk in allen gesellschaftlichen Bereichen und auf allen politischen Ebenen bestimmen.

Seit der Machtübernahme 1933 propagierte das NS-Regime die „Volksgemeinschaft“ als Vereinigung aller „Volksgenossen“, durch die und in der alle Standesunterschiede und Klassengegensätze überwunden wären. Die Zusammenführung von „Arbeitern der Stirn“ und „Arbeitern der Faust“ hatte Hitler zur „lebendigen Theorie der Volksgemeinschaft“ erklärt. Ausgeschlossen waren die sogenannten Gemeinschaftsfremden, d.h. vor allem Juden, politische Gegner, Sinti und Roma sowie Behinderte und Homosexuelle. Ausgeschlossen wurden zudem auch jene, die sich gegen die Diskriminierung bestimmter Bevölkerungsgruppen wandten. Das Leitbild der „Volksgemeinschaft“ begleitete die „Volksgenossen“ bei Ferienreisen der NS-Gemeinschaft „Kraft durch Freude“, bei den jährlichen „Reichsparteitagen“, beim öffentlichen Eintopfessen der „Führer“ mit ihrer „Gefolgschaft“ sowie bei Sammlungen des „Winterhilfswerkes“. Das Idealbild der „deutschblütigen“ Familie bestand aus Kinderreichtum und fester Rollenverteilung zwischen Mann und Frau: Während der Mann als Kämpfer und Soldat idealisiert wurde, sollte die Frau vor allem Mutter und Hausfrau sein. Berufstätige Frauen wurden oft benachteiligt und von Führungspositionen ausgeschlossen. Das Regime förderte seine Familienvorstellungen politisch durch Ehestandsdarlehen und finanziellen Hilfen für Kinderreiche.

M 4 Adolf Hitler auf dem Reichsparteitag 1938
Propagandafoto

Antisemitismus im Kaiserreich

M 5 „Die Juden"

Viele Gedanken, die Hitler in seiner Schrift „Mein Kampf" zu Papier brachte, wurden bereits von Heinrich Claß formuliert. Der Begründer der Alldeutschen Bewegung publizierte 1912 unter dem Pseudonym Daniel Frymann:

Nun sind Deutscher und Jude ihrem innersten Wesen nach wie Feuer und Wasser; solange unser Volksleben moralisch gesund war, gab es nichts Verschiedeneres als die deutsche und die jüdische Lebensauffassung. Der Deutsche steht über dem Besitz, bleibt ihm gegenüber innerlich frei und beweist seine Freiheit, indem er sich ausleben will ohne Rücksicht auf den wirtschaftlichen Erfolg. Ehre, Unabhängigkeit, Eigenwilligkeit sind die Triebfedern seines Handelns, das oft unzweckmäßig sein mag, aber jedenfalls eine Gedankenrichtung beweist, die nicht allein „von dieser Welt" ist […].

Ganz anders die Juden, das geborene Volk des Geld- und Zwischenhandels, deren Instinkt und Geistesrichtung auf den Erwerb geht; ihre hohe Zeit war gekommen, jetzt konnten sie ihre Fähigkeiten entfalten. Nicht selbst Werte schaffend, also arbeitend im schöpferischen Sinne, sondern vermittelnd, handelnd, und sie gewannen schnell im Geldwesen und im Handel eine führende Stellung. Das Glück der ansässigen Juden lockte ungezählte Scharen aus Russland und Galizien über die Grenzen, die Preußen harmlos offen ließ; sie stürzten sich in unser Erwerbsleben, und recht eigentlich diese moralisch und kulturell für uns ganz unverdaulichen Juden brachten nun mit ihrer Skrupellosigkeit, ihrer Habgier, ihrer Gleichgültigkeit gegen Recht und Unrecht, Ehre und Unehre die Elemente der Hast, Rücksichtslosigkeit und moralischen Gefühllosigkeit in unser Wirtschaftsleben. […]

Zur wirtschaftlichen Macht gekommen, griffen diese volks- und rassenfremden Gäste auf deutschem Boden auf alle Gebiete des nationalen Lebens über – an sich ein tragikomischer Widerspruch in sich selbst – aber infolge des Geschehenlassens eine historische Tatsache. Publizistik, Theaterwesen, Journalistik wurden erobert; die Advokatur, die Hochschulprofessuren, die ärztliche Laufbahn wurden ein besonderes Feld jüdischer Betätigung und jüdischen Einflusses.

Und dem Gesetze seines Wesens entsprechend – keiner kann aus seiner Haut, das gilt auch für alles rassenmäßig Ererbte – ist der Jude in allem, was er angreift, Jude. Treibt er Politik, so kann er sie nur als Jude betreiben, d. h. ohne Sinn und Verständnis für das Sich-Einfügen, für Unterordnung, ohne Liebe für das geschichtlich und organisch Gewordene; wird er Anwalt, so wirkt er zersetzend, weil seine angeborenen Rechtsbegriffe im Widerspruch stehen zu denen, die dem geschriebenen deutschen Rechte innewohnen. […]

Viel schlimmer aber noch ist die Einwirkung durch die jüdische Presse, weil sie unmittelbar auf die Volksmassen erfolgt und dies zwar Tag für Tag; hier heißt es „steter Tropfen höhlt den Stein". Das Judentum hat die Hand auf die Presse gelegt. […] Tausende jüdischer Federn fabrizieren Tag für Tag unsere öffentliche Meinung, in Millionen von bedruckten Papierblättern gelangen ihre Äußerungen an deutsche Leser – und die Wirkung soll ausbleiben? Von dem schamlosen Treiben jüdischer sog. Witzblätter, die vom Geschlechtlichen leben, und von der Verhöhnung der Ehe, des Thrones und alles dessen, was einst stets gestanden hat in der Geltung des Volkes, sei hier nur im Vorübergehen die Rede, um auf die planvolle Herabsetzung insbesondere der Ehe zu verweisen; viel schlimmer, weil weiter wirkend, ist der Einfluss der jüdischen Tagespresse: was wissen diese Leute von der deutschen Freiheit, die sich in der Beschränkung aus eigenem Willen ihre Grenzen setzt, was von der notwendigen Unterordnung eines Jeden? Was ist diesen Heimat- und Staatlosen Vaterland und Staat? […]

In Bezug auf die Erkenntnis der politischen und moralischen Einwirkung des jüdischen Bestandteils unter nichtjüdischen Gastvölkern hat Graf Gobineau letzteren, soweit sie noch leben und nicht zugrunde gerichtet sind, einen Dienst erwiesen, der, recht verstanden, eine rettende Tat sein müsste; man mag an der Methode und an den Einzelbehauptungen des normannischen Edelings vieles auszusetzen haben – das tut der Hauptsache keinen Eintrag. Mit wahrhaft genialer Intuition hat dieser germanische Seher in die Vergangenheit geblickt und seinem Auge haben die wahren Ursachen des Verfalls der antiken Völker sich geoffenbart: die Zersetzung durch jüdisches Blut und jüdischen Geist.

D. Frymann, Wenn ich Kaiser wär' – Politische Wahrheiten und Notwendigkeiten, Leipzig 1912, S. 30ff.

M 6 **„12 000 Juden fielen im Kampf!"**
Plakat des Reichsbundes jüdischer Frontsoldaten. Mit dem Ersten Weltkrieg drohte eine neue Welle des Antisemitismus. Als sich abzeichnete, dass der Krieg nicht – wie erwartet – binnen Kurzem zu einem Sieg Deutschlands führte, regten sich wieder die Antisemiten, die nach einem Sündenbock für die stagnierende Kriegsführung und die miserable Lage der Versorgung im Reich suchten. Zwar unterdrückte die Militärzensur offen antisemitische Publikationen. Das preußische Kriegsministerium ordnete jedoch 1916 die Zählung der jüdischen Soldaten an, einem antisemitischen Gerücht folgend, dass Juden sich um die Kriegsdienst drücken würden. Obwohl die Zählung dies nicht belegen konnte, blieben ihre Ergebnisse unter Verschluss und die Gerüchte damit unwidersprochen.

M 7 **„Judas Verrat"**
Antisemitische Zeichnung von Willy Knabe, 1942

Hitlers Antisemitismus – Eine frühe Aussage Hitlers analysieren

M 8 Hitlers Antisemitismus

Im Auftrag des Reichswehrgruppenkommandos 4 in München, für das er als Vertrauensmann und Redner arbeitete, nahm Hitler am 16. September 1919 erstmals in einem Brief zum „Judenproblem" Stellung. Dieses Schreiben ist das älteste Zeugnis, in dem sich Hitler nachweislich zum Antisemitismus äußerte:

Wenn die Gefahr [,] die das Judentum für unser Volk heute bildet [,] seinen [ihren] Ausdruck findet in einer nicht wegzuleugnenden Abneigung großer Teile unseres Volkes, so ist die Ursache dieser Abneigung meist nicht zu suchen in der klaren Erkenntnis des bewusst oder unbewusst planmäßig verderblichen Wirkens der Juden als Gesamtheit auf unsere Nation, sondern sie entsteht meist durch den persönlichen Verkehr, unter dem Eindruck, den der Jude als Einzelner zurücklässt und der fast stets ein ungünstiger ist. Dadurch erhält der Antisemitismus nur zu leicht den Charakter einer bloßen Gefühlserscheinung. Und doch ist dies unrichtig. Der Antisemitismus als politische Bewegung darf nicht und kann nicht bestimmt werden durch Momente des Gefühls, sondern durch die Erkenntnis von Tatsachen. Tatsachen aber sind: Zunächst ist das Judentum unbedingt Rasse und nicht Religionsgenossenschaft. Und der Jude selbst bezeichnet sich nie als jüdischen Deutschen, jüdischen Polen oder etwa jüdischen Amerikaner, sondern stets als deutschen, polnischen oder amerikanischen Juden. Noch nie hat der Jude von fremden Völkern [,] in deren Mitte er lebt [,] viel mehr angenommen als die Sprache. Und so wenig ein Deutscher [,] der in Frankreich gezwungen ist [,] sich der franz. Sprache zu bedienen, in Italien der italienischen und in China der chinesischen, dadurch zum Franzosen, Italiener oder gar Chinesen wird, so wenig kann man einen Juden, der nunmal unter uns lebt und, dadurch gezwungen, sich der deutschen Sprache bedient, deshalb einen Deutschen nennen. Und selbst der mosaische Glaube kann, so groß auch seine Bedeutung für die Erhaltung dieser Rasse sein mag, nicht als ausschließlich bestimmend für die Frage, ob Jude oder Nichtjude [,] gelten. Es gibt kaum eine Rasse, deren Mitglieder ausnahmslos einer einzigen bestimmten Religion angehören.

Durch tausendjährige Innzucht [sic], häufig vorgenommen in engstem Kreise, hat der Jude im Allgemeinen seine Rasse und ihre Eigenarten schärfer bewahrt als zahlreiche der Völker, unter denen er lebt. Und damit ergibt sich die Tatsache, dass zwischen uns eine nichtdeutsche fremde Rasse lebt, nicht gewillt und auch nicht imstande, ihre Rasseneigenarten zu opfern, ihr eigenes Fühlen, Denken und Streben zu verleugnen, und die dennoch politisch alle Rechte besitzt wie wir selber. Bewegt sich schon das Gefühl des Juden im rein Materiellen, so noch mehr sein Denken und Streben. Der Tanz ums goldene Kalb wird zum erbarmungslosen Kampf um alle jene Güter, die nach unserm inneren Gefühl nicht die höchsten und einzig erstrebenswerten auf dieser Erde sein sollen.

Der Wert des Einzelnen wird nicht mehr bestimmt durch seinen Charakter, der [die] Bedeutung seiner Leistungen für die Gesamtheit, sondern ausschließlich durch die Größe seines Vermögens, durch sein Geld.

Die Höhe der Nation soll nicht mehr gemessen werden nach der Summe ihrer sittlichen und geistigen Kräfte, sondern nur mehr nach dem Reichtum ihrer materiellen Güter.

Aus diesem Fühlen ergibt sich jenes Denken und Streben nach Geld, und Macht, die dieses schützt, das den Juden skrupellos werden lässt in der Wahl der Mittel, erbarmungslos in ihrer Verwendung zu diesem Zweck. Er winselt im autokratisch regierten Staat um die Gunst der „Majestät" des Fürsten, und missbraucht sie als Blutegel an seinen Völkern. Er buhlt in der Demokratie um die Gunst der Masse, kriecht vor der „Majestät des Volkes" und kennt doch nur die Majestät des Geldes. […]

Alles [,] was Menschen zu Höherem streben lässt, sei es Religion, Sozialismus, Demokratie, es ist ihm alles nur Mittel zum Zweck, Geld und Herrschgier zu befriedigen. Sein Wirken wird in seinen Folgen zur Rassentuberkulose der Völker. Und daraus ergibt sich Folgendes: Der Antisemitismus aus rein gefühlsmäßigen Gründen wird seinen letzten Ausdruck finden in der Form von Pogromen. Der Antisemitismus der Vernunft jedoch muss führen zur planmäßigen gesetzlichen Bekämpfung und Beseitigung der Vorrechte des Juden [,] die er zum Unterschied der anderen zwischen uns lebenden Fremden besitzt (Fremdengesetzgebung).

Sein letztes Ziel aber muss unverrückbar die Entfernung der Juden überhaupt sein. Zu beidem ist nur fähig eine Regierung nationaler Kraft und niemals eine Regierung nationaler Ohnmacht.

Zit. nach: Ernst Deuerlein (Hg.), Der Aufstieg der NSDAP in Augenzeugenberichten, 2. Aufl., München 1976, S. 91–94.

Grundsätzliches Programm
der nationalsozialistischen
Deutschen Arbeiter-Partei.

Das Programm der Deutschen Arbeiter-Partei ist ein Zeit-Programm. Die Führer lehnen es ab, nach Erreichung der im Programm aufgestellten Ziele neue aufzustellen. nur zu dem Zweck, um durch künstlich gesteigerte Unzufriedenheit der Massen das Fortbestehen der Partei zu ermöglichen.

1. Wir fordern den Zusammenschluß aller Deutschen auf Grund des Selbstbestimmungsrechtes der Völker zu einem Groß-Deutschland.
2. Wir fordern die Gleichberechtigung des deutschen Volkes gegenüber den anderen Nationen, Aufhebung der Friedensverträge in Versailles und St. Germain.
3. Wir fordern Land u. Boden (Kolonien) zur Ernährung unseres Volkes u. Ansiedelung unseres Bevölkerungs-Ueberschusses.
4. Staatsbürger kann nur sein, wer Volksgenosse ist. Volksgenosse kann nur sein, wer deutschen Blutes ist, ohne Rücksichtnahme auf Konfession. **Kein Jude kann daher Volksgenosse sein.**
5. Wer nicht Staatsbürger ist, soll nur als Gast in Deutschland leben können u. muß unter Fremdengesetzgebung stehen.
6. Das Recht, über Führung u. Gesetze des Staates zu bestimmen, darf nur dem Staatsbürger zustehen. Daher fordern wir, daß jedes öffentlich Amt, gleichgiltig welcher Art, gleich ob im Reich, Land oder Gemeinde nur durch Staatsbürger bekleidet werden darf. — Wir bekämpfen die korrumpierende Parlamentswirtschaft einer Stellenbesetzung nur nach Parteigesichtspunkten ohne Rücksichten auf Charakter und Fähigkeiten.
7. Wir fordern, daß sich der Staat verpflichtet, in erster Linie für die Erwerbs- u. Lebensmöglichkeit der Staatsbürger zu sorgen. Wenn es nicht möglich ist, die Gesamtbevölkerung des Staates zu ernähren, so sind die Angehörigen fremder Nationen (Nicht-Staatsbürger) aus dem Reiche auszuweisen.
8. Jede weitere Einwanderung Nicht-Deutscher ist zu verhindern. Wir fordern, daß alle Nicht-Deutschen, die seit 2. August 1914 in Deutschland eingewandert sind, sofort zum Verlassen des Reiches gezwungen werden.
9. Alle Staatsbürger müssen gleiche Rechte u. Pflichten besitzen.
10. Erste Pflicht jedes Staatsbürgers muß sein, geistig oder körperlich zu schaffen. Die Tätigkeit des Einzelnen darf nicht gegen die Interessen der Allgemeinheit verstoßen, sondern muß im Rahmen des Gesamten u. zum Nutzen Aller erfolgen.

Daher fordern wir:

11. Abschaffung des arbeits- und mühelosen Einkommens,

Brechung der Zinsknechtschaft.

12. Im Hinblick auf die ungeheuren Opfer an Gut und Blut, die jeder Krieg vom Volke fordert, muß die persönliche Bereicherung durch den Krieg als Verbrechen am Volke bezeichnet werden. Wir fordern daher **restlose Einziehung aller Kriegsgewinne.**
13. Wir fordern die Verstaatlichung aller bisher bereits vergesellschafteten (Trust's) Betriebe.
14. Wir fordern Gewinnbeteiligung an Großbetrieben.
15. Wir fordern einen großzügigen Ausbau der Alters-Versorgung.
16. Wir fordern die Schaffung eines gesunden Mittelstandes und seine Erhaltung. Sofortige **Kommunalisierung der Groß-Warenhäuser** und ihre Vermietung zu billigen Preisen an kleine Gewerbetreibende, schärfste Berücksichtigung aller kleinen Gewerbetreibenden bei Lieferung an den Staat, die Länder oder Gemeinden.
17. Wir fordern eine unseren nationalen Bedürfnissen angepaßte Bodenrefom, Schaffung eines Gesetzes zur unentgeltlichen Enteignung von Boden für gemeinnützige Zwecke. Abschaffung des Bodenzinses und Verhinderung jeder Bodenspekulation.
18. Wir fordern den rücksichtslosen Kampf gegen diejenigen, die durch ihre Tätigkeit das Gemein-Interesse schädigen. Gemeine Volksverbrecher, **Wucherer, Schieber** usw. sind **mit dem Tode zu bestrafen,** ohne Rücksichtnahme auf Konfession und Rasse.
19. Wir fordern Ersatz für das der materialistischen Weltordnung dienende römische Recht durch ein Deutsches Gemein-Recht.
20. Um jedem fähigen und fleissigen Deutschen das Erreichen höherer Bildung und damit das Einrücken in führende Stellungen zu ermöglichen, hat der Staat für einen gründlichen Ausbau unseres gesamten Volksbildungswesens Sorge zu tragen. Die Lehrpläne aller Bildungsanstalten sind den Erfordernissen des praktischen Lebens anzupassen. Das Erfassen des Staatsgedankens muß bereits mit Beginn des Verständnisses durch die Schule (Staatsbürgerkunde) erzielt werden. Wir fordern die Ausbildung geistig besonders veranlagter Kinder armer Eltern ohne Rücksicht auf deren Stand oder Beruf auf Staatskosten.
21. Der Staat hat für die Hebung der Volksgesundheit zu sorgen durch den Schutz der Mutter und des Kindes, durch Verbot der Jugendarbeit, durch Herbeiführung der körperlichen Ertüchtigung mittels gesetzlicher Festlegung einer Turn- und Sportpflicht, durch größte Unterstützung aller sich mit körperlicher Jugend-Ausbildung beschäftigenden Vereine.
22. Wir fordern die Abschaffung der Sölnertruppen und die Bildung eines Volksheeres.
23. Wir fordern den gesetzlichen **Kampf** gegen die **bewußte politische Lüge** und ihre Verbreitung durch die Presse. Um die Schaffung einer deutschen Presse zu ermöglichen, fordern wir, daß:
    a) Sämtliche Schriftleiter u. Mitarbeiter von Zeitungen, die in Deutscher Sprache erscheinen, Volksgenossen sein müssen.
    b) Nichtdeutsche Zeitungen zu ihrem Erscheinen der ausdrücklichen Genehmigung des Staates bedürfen. Sie dürfen nicht in deutscher Sprache gedruckt werden.
    c) Jede finanzielle Beteiligung an Deutschen Zeitungen oder deren Beeinflussung durch Nichtdeutsche gesetzlich verboten wird, u. fordern als Strafe für Uebertretungen die Schließung einer solchen Zeitung, sowie die sofortige Ausweisung der daran beteiligten Nichtdeutschen aus dem Reich.

    Zeitungen, die gegen das Gemeinwohl verstoßen, sind zu verbieten. Wir fordern den gesetzlichen Kampf gegen eine Kunst- u. Literatur-Richtung, die einen zersetzenden Einfluß auf unser Volksleben ausübt u. die Schließung von Veranstaltungen, die gegen vorstehende Forderung verstoßen.
24. Wir fordern die Freiheit aller religiösen Bekenntnisse im Staat, soweit sie nicht dessen Bestand gefährden oder gegen das Sittlichkeits- u. Moralgefühl der germanischen Rasse verstoßen. Die Partei als solche vertritt den Standpunkt eines positiven Christentums, ohne sich konfessionell an ein bestimmtes Bekenntnis zu binden. Sie bekämpft den jüdisch-materialistischen Geist **in** und **außer** uns und ist überzeugt, daß eine dauernde Genesung unseres Volkes nur erfolgen kann von **innen** heraus auf der Grundlage:

Gemeinnutz vor Eigennutz.

25. Zur Durchführung alles dessen fordern wir die Schaffung einer starken Zentralgewalt des Reiches.
    Unbedingte Autorität des politischen Zentralparlaments über das gesamte Reich u. seine Organisationen im allgemeinen.
    Die Bildung von Stände- und Berufskammern zur Durchführung der vom Reich erlassenen Rahmengesetze in den einzelnen Bundesstaaten.

Die Führer der Partei versprechen, wenn nötig unter Einsatz des eigenen Lebens, für die Durchführung der vorstehenden Punkte rücksichtlos einzutreten.

München, den 24. Februar 1920.

Für den **Partei-Ausschuß:** Anton Drexler

Spenden und Beiträge sind zu richten an die Geschäftsstelle München: **Corneliusstr. 12** (Tel. 23620)

Geschäftsstunden 9—12 Uhr vorm., 2—6 Uhr nachm.

M 9 „Grundsätzliches Programm der NSDAP“, 1920

Inhalte der NS-Ideologie – Aussagen Hitlers

M 10 „Lebensraum"

a) Hitlers Bekenntnisschrift „Mein Kampf" erschien in zwei Bänden 1925 und 1926. Im ersten Band schreibt er über seine Vorstellungen zum „Lebensraum":

Wollte man in Europa Grund und Boden, dann konnte dies im Großen und Ganzen nur auf Kosten Russlands geschehen, dann musste sich das neue Reich auf der Straße der einstigen Ordensritter in Marsch setzen, um mit dem deutschen Schwert dem deutschen Pflug die Scholle, der Nation aber das tägliche Brot zu geben. [...]
Wir Nationalsozialisten haben jedoch noch weiter zu gehen. Das Recht auf Grund und Boden kann zur Pflicht werden, wenn ohne Bodenerweiterung ein großes Volk dem Untergang geweiht erscheint. Noch ganz besonders dann, wenn es sich dabei nicht um ein x-beliebiges Negervölkchen handelt, sondern um die germanische Mutter all des Lebens, das der heutigen Welt ihr kulturelles Bild gegeben hat. Deutschland wird entweder Weltmacht oder überhaupt nicht sein. Zur Weltmacht aber braucht es jene Größe, die ihm in der heutigen Zeit die notwendige Bedeutung und seinen Bürgern das Leben gibt.
Damit ziehen wir Nationalsozialisten einen Strich unter die außenpolitische Richtung unserer Vorkriegszeit. Wir setzen dort an, wo man vor sechs Jahrhunderten endete. Wir stoppen den ewigen Germanenzug nach dem Süden und Westen Europas und weisen den Blick nach dem Land im Osten. Wir schließen endlich ab die Kolonial- und Handelspolitik der Vorkriegszeit und gehen über zur Bodenpolitik der Zukunft.

Adolf Hitler, Mein Kampf, München 1940, S. 154 u. 741 f.

b) Auszug aus Hitlers Zweitem Buch von 1928:

Deutschland entschließt sich [sein Zukunftsziel], zu einer klaren weitschauenden Raumpolitik überzugehen. Es wendet sich damit von allen weltindustriellen und welthandelspolitischen Versuchen ab und konzentriert stattdessen alle seine Kräfte, um unserem Volk durch die Zuweisung eines genügenden Lebensraumes für die nächsten 100 Jahre auch einen Lebensweg vorzuzeichnen. Da dieser Raum nur im Osten liegen kann, tritt auch die Verpflichtung zu einer Seemacht in den Hintergrund. Deutschland versucht erneut, auf dem Wege der Bildung einer ausschlaggebenden Macht zu Lande seine Interessen zu verfechten.

Hitlers zweites Buch. Ein Dokument aus dem Jahr 1928. Eingeleitet und kommentiert von Gerhard L. Weinberg, mit einem Geleitwort von Hans Rothfels, Stuttgart 1961, S. 163.

M 11 „Rassenlehre"

Auszug aus „Mein Kampf":

Die Sünde wider Blut und Rasse ist die Erbsünde dieser Welt und das Ende einer sich ihr ergebenden Menschheit. [...]
Demgegenüber erkennt die völkische Weltanschauung die Bedeutung der Menschheit in deren rassischen Urelementen. Sie sieht im Staat prinzipiell nur ein Mittel zum Zweck und fasst als seinen Zweck die Erhaltung des rassischen Daseins der Menschen auf. Sie glaubt somit keineswegs an eine Gleichheit der Rassen, sondern erkennt mit ihrer Verschiedenheit auch ihren höheren oder minderen Wert und fühlt sich durch diese Erkenntnis verpflichtet, gemäß dem ewigen Wollen, das dieses Universum beherrscht, den Sieg des Besseren, Stärkeren zu fördern, die Unterordnung des Schlechteren und Schwächeren zu verlangen. Sie huldigt damit prinzipiell dem aristokratischen Grundgedanken der Natur und glaubt an die Geltung dieses Gesetzes bis herab zum letzten Einzelwesen. Sie sieht nicht nur den verschiedenen Wert der Rassen, sondern auch den verschiedenen Wert der Einzelmenschen. Aus der Masse schält sich für sie die Bedeutung der Person heraus, dadurch aber wirkt sie gegenüber dem desorganisierenden Marxismus organisatorisch. Sie glaubt an die Notwendigkeit einer Idealisierung des Menschentums, da sie wiederum nur in dieser die Voraussetzung für das Dasein der Menschheit erblickt. Allein sie kann auch einer ethischen Idee das Existenzrecht nicht zubilligen, sofern diese Idee eine Gefahr für das rassische Leben der Träger einer höheren Ethik darstellt; denn in einer verbastardierten und vernegerten Welt wären auch alle Begriffe des menschlich Schönen und Erhabenen sowie alle Vorstellungen einer idealisierten Zukunft unseres Menschentums für immer verloren. Menschliche Kultur und Zivilisation sind auf diesem Erdteil unzertrennlich gebunden an das Vorhandensein des Ariers. Sein Aussterben oder Untergehen wird auf diesen Erdball wieder die dunklen Schleier einer kulturlosen Zeit senken.

Adolf Hitler, Mein Kampf, 190./194. Auflage, München 1936, S. 272 und S. 420 f.

„Mein Kampf" – Zur Rezeption des Buches von Adolf Hitler

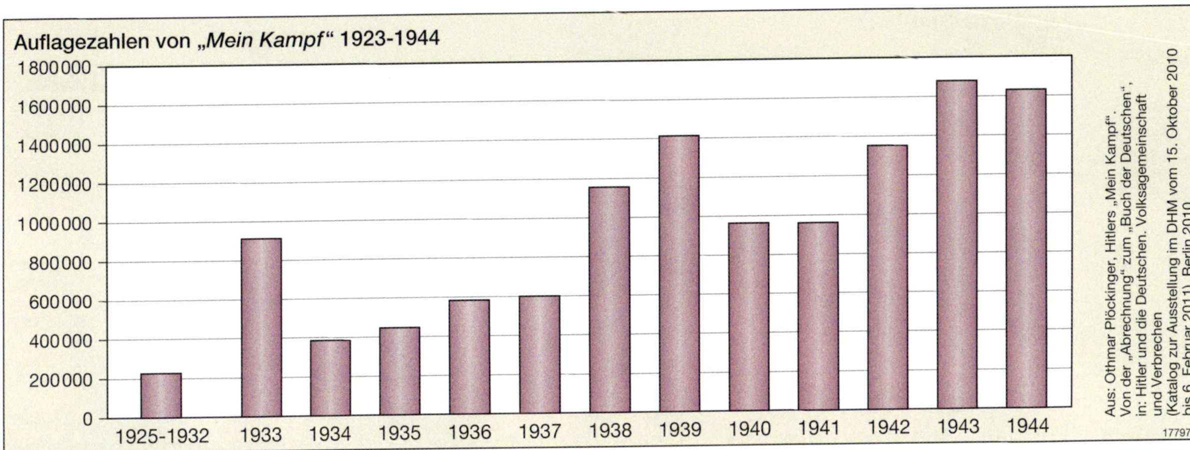

Aus: Othmar Plöckinger, Hitlers „Mein Kampf". Von der „Abrechnung" zum „Buch der Deutschen", in: Hitler und die Deutschen. Volksgemeinschaft und Verbrechen (Katalog zur Ausstellung im DHM vom 15. Oktober 2010 bis 6. Februar 2011), Berlin 2010.

M 12

M 13 „Mein Kampf" – „Buch der Deutschen"?

Der Historiker Othmar Pöckinger schreibt (2010):

Bereits im Frühjahr 1930 und damit deutlich vor dem Wahlerfolg im September desselben Jahres stiegen die Verkaufszahlen [des ersten Bandes] erheblich an, worauf der Eher-Verlag im Mai 1930 mit der Herausgabe der heute bekannten „Volksausgabe" reagierte. Erreichte man 1932 mit einer Jahresverkaufszahl von über 90 000 Stück bereits ungeahnte Höhen, so sprengte das Jahr 1933 alles bisher Gekannte: In diesem Jahr wurden etwa 900 000 Exemplare des Buches verkauft. Selbst wenn man die großzügige Ausstattung der Bibliotheken in Deutschland ab März/April 1933 in Rechnung stellt, bleibt ein erheblicher Anteil für den privaten Kauf. Mit der einsetzenden Stabilisierung der nationalsozialistischen Herrschaft war man in der Bevölkerung offenbar durchaus daran interessiert, sich mit den Ausführungen des neuen Kanzlers zu beschäftigen. [...] Gleichzeitig war jedoch damit eine Dimension erreicht, die in den nächsten Jahren nicht zu halten war. Der drastische Rückgang der Verkaufszahlen nach 1933 brachte den Eher-Verlag in erhebliche Schwierigkeiten, was letztlich zu jenem Projekt führte, das das öffentliche Bild von „Mein Kampf" bis heute prägt, wenngleich es alles andere als eine Erfolgsgeschichte war: die Vergabe als Hochzeitsgeschenk. Die enorme Nachfrage des Jahres 1933 verleitete den Eher-Verlag zu einer deutlichen Überproduktion, die sich in der Folgezeit nicht mehr abbauen ließ. So wurde vom Verlag 1935 die Idee geboren, den Städten und Gemeinden in Deutschland Hitlers Buch als Geschenk für Neuvermählte anzupreisen. Doch da diese Empfehlung kaum Widerhall fand, ja selbst München als „Hauptstadt der Bewegung" sich nicht anschließen wollte und bereits anders disponiert hatte, ging der Verlag noch im selben Jahr einen Schritt weiter und versuchte über den Deutschen Gemeindetag seinen Einfluss in diese Richtung geltend zu machen. Auch wenn sich der Gemeindetag schließlich vor den Karren des Verlags spannen ließ, so konnte doch selbst auf diesem Weg kaum etwas in Bewegung gebracht werden, zumal der Verlag nicht bereit war, finanzielle Abstriche hinzunehmen. Um einen völligen Fehlschlag doch noch abzuwenden, gelang es dem Verlag im April 1936, jenen bekannten Erlass des Innenministeriums zu erwirken, der die Städte und Gemeinden veranlassen sollte, Hitlers Buch Neuvermählten zum Geschenk zu machen. Gerne wurde nach dem Krieg dieser Erlass als Beleg dafür herangezogen, dass „Mein Kampf" ein ungelesenes, weil zwangsverordnetes Buch gewesen wäre. Unberücksichtigt bleibt dabei, dass es nie zu einer vollständigen Umsetzung dieses Erlasses gekommen ist, denn er enthielt die Klausel, dass die finanziellen Mittel der Gemeinden zu berücksichtigen wären, was vor allem von den größeren Städten genutzt wurde, um weiterhin die Verschenkung des Buches zu unterlaufen. Im Jahr 1938 setzte noch nicht einmal die Hälfte aller Gemeinden in Deutschland den Erlass um. [...] Mit Beginn des Krieges änderte sich hier nur noch in Einzelfällen etwas, denn der Eher-Verlag entdeckte mit der Wehrmacht einen neuen riesigen Absatzmarkt.

Othmar Plöckinger, Hitlers „Mein Kampf". Von der „Abrechnung" zum „Buch der Deutschen", in: Hitler und die Deutschen. Volksgemeinschaft und Verbrechen (Katalog zur Ausstellung im DHM vom 15. Oktober 2010 bis 6. Februar 2011), Berlin 2010.

Inhalte der NS-Ideologie – Die „Volksgemeinschaft" in der NS-Propaganda

M 14 „Die NSDAP sichert die Volksgemeinschaft"
„Volksgenossen braucht Ihr Rat und Hilfe so wendet Euch an die Ortsgruppe", Plakat der NSDAP, um1936

M 15 „Volksgesundheit, Volksgemeinschaft, Kinderschutz, Mutterschutz, Bettelbekämpfung, Wandererfürsorge
sind die Aufgaben der NS-Volkswohlfahrt, werdet Mitglied", Propagandaplakat der NSV (NS-Volkswohlfahrt), 1934

M 16 „Ich bin aus der Volksgemeinschaft ausgestoßen"
Auf dem Marktplatz von Schmölln (Thüringen) werden Frauen kahl geschoren. Die drei deutschen Frauen hatten mit polnischen Zwangsarbeitern Freundschaften begonnen. Die Polen wurden getötet, Foto, November 1940

M 17 „Winterhilfswerk – Ein Volk hilft sich selbst!", Plakat des im September 1933 gegründeten „Winterhilfswerks", das dem Reichspropagandaminister Joseph Goebbels unterstand, nach 1933

M 18 „60.000 RM kostet dieser Erbkranke die Volksgemeinschaft auf Lebenszeit"
Das Plakat wirbt für die vom Rassenpolitischen Amt der NSDAP herausgegebenen Monatshefte „Neues Volk", um 1937.

M 19 Inklusion und Exklusion

Der Hamburger Historiker Frank Bajohr schreibt (2009):

In Deutschland jedoch konnte sich mit dem politischen Sieg der Nationalsozialisten deren auf Rassereinheit basierende Vorstellung von „Volksgemeinschaft" durchsetzen. Ohne Zweifel war das Versprechen der Inklusion aller „Volksgenossen", das die Nationalsozialisten wie die meisten übrigen Parteien der Weimarer Republik herausstrichen, das entscheidende Moment vieler Millionen Deutscher, NSDAP zu wählen. Hitler versprach „Arbeit und Brot", und im Unterschied zu den anderen Parteien, die jeweils spezifischen „sozialmoralischen Milieus" (M. Rainer Lepsius) zugeordnet wurden, konnte sich die junge NSDAP erfolgreich als klassenübergreifende Volkspartei präsentieren, die glaubwürdig die Schaffung einer „Volksgemeinschaft" zu versprechen imstande war. […]

Neben der Inklusionsverheißung führte die nationalsozialistische „Volksgemeinschaft" stets die rassistische und antisemitische Exklusion mit sich. Nicht so sehr, wer zur Volksgemeinschaft zugehören sollte, stand im Zentrum nationalsozialistischer Politik als vielmehr die Frage, wer auf jeden Fall aus ihr ausgeschlossen werden müsse. „Staatsbürger kann nur sein, wer Volksgenosse ist. Volksgenosse kann nur sein, wer deutschen Blutes ist, ohne Rücksichtnahme auf Konfession. Kein Jude kann daher Volksgenosse sein." – so hieß es klar und deutlich im Parteiprogramm der NSDAP aus dem Jahre 1920. Bei aller Gleichheitsrhetorik bestand der Kern nationalsozialistischer Volksgemeinschaftspolitik in der Herstellung von rassistischer Ungleichheit.

Frank Bajohr und Michael Wildt (Hg.), Volksgemeinschaft. Neue Forschungen zur Gesellschaft des Nationalsozialismus, Frankfurt/Main 2009, S. 16 f.

M 20 **„Der ewige Jude"**
Die Darstellung enthält alle Symbole, die die Nationalsozialisten mit dem Judentum verbanden, Plakat zu der antisemitischen Ausstellung „Der ewige Jude", München 1937.

M 21 Eine Interpretation

Der Historiker Hanno Loewy schreibt über das Plakat (2009):

Ein Bettler mit verschlagenem Ausdruck hält in seiner zum Betrachter ausgestreckten Hand vier Münzen. Unter dem anderen Arm ist ein Teil Europas geklemmt, genauer: der russische Teil Europas bis zum Ural, mit Hammer und Sichel gekennzeichnet. Seine Augenlider sind gesenkt, devot und hinterhältig wie die ganze kriecherisch, gekrümmte Gestalt, die gleichwohl eine Peitsche in der Hand hält, bereit den Ahnungslosen zu schinden, der auf ihn hereinfällt.

Der Bettler, der geheimen Reichtum besitzt, der scheinbar Schwache, der über geheime Macht verfügt, der Blinde, der geheimes Wissen hat, der Undurchsichtige, der seine Absichten nicht preisgibt. Das traditionelle Bild des ewigen Juden, der in den Augen der Christenheit zur Strafe für seine Sünden auf immerwährende, rastlose Wanderschaft geschickt wurde, es vereinigt in dieser nationalsozialistischen Ikone zugleich die Sinnbilder kapitalistischer und kommunistischer Macht. Die Karikatur eines Feindbildes, in der alles zusammenfließt, was gehasst werden soll.

Das Plakat vertraute noch ganz auf die populären, emotionalisierenden und häufig pornografischen Bildwelten eines „Radauantisemitismus", wie sie der „Stürmer" – von den nationalsozialistischen Eliten als nützlicher Krawallmacher belächelt – verbreitete. […]

Die Ausstellung dagegen setzte demonstrativ auf einen „Antisemitismus der Vernunft", wie Hitler ihn schon um 1920 gefordert hatte. Uralte kollektive Fantasien von Weltverschwörung und geheimer Macht verwandelten sich im Gestus einer unbestechlichen „Sachlichkeit" in scheinbar moderne Wissenschaft: In 20 Sälen, auf 3500 m^2 wurden in verschiedenen Abteilungen der „Einfluss der Juden in allen Gesellschaftsbereichen" und die „moralische Verkommenheit der Juden" als empirische „Tatsachen" präsentiert, für die ein ganzes Arsenal von Exponaten aufgeboten wurde, die sich allesamt dadurch auszeichneten, mit „Objektivität" und Nachprüfbarkeit assoziiert zu werden: physiognomische Modelle und Karten, Statistiken und Zeitungsausschnitte aus der Weltpresse – und eben Fotografien. „Juden selbst über Juden reden zu lassen", so hieß es, sei das Prinzip dieser Schau, die – vor allem im Medium der Fotografie – im Bild des „anderen" das eigene, das deutsche Wesen identifizieren sollte: jenes deutsche Wesen, das im „Weiheraum" am Ende der Ausstellung durch die Nürnberger Gesetze erlöst würde. Während die Exponate „Sachlichkeit" behaupteten, setzte die Architektur explizit auf Agitation.

Das Bild, das „deutsche" Fotografen, Grafiker und Filmkünstler in dieser Zeit von Juden bzw. „vom Juden" entwarfen, hatte vielerlei Funktionen. Es war Teil jener „Gleichschaltung" der Öffentlichkeit, als deren Medium nicht zuletzt die fotografischen Bildwelten zu dienen hatten. Es war eines jener Felder, auf denen die NS-Herrschaft sich schrittweise radikalisierte, auf Konkurrenz um Macht, Karrieren und Ressourcen ausgefochten und oftmals über ideologische Profilierung entschieden wurde.

Hanno Loewy, Der ewige Jude. Zur Ikonografie antisemitischer Bildpropaganda im Nationalsozialismus, in: Paul, Gerhard (Hg.), Das Jahrhundert der Bilder, Bd. 1: 1900–1949, Bonn 2009, S. 542–549.

Umgang mit Bildquellen

Die Macht der Bilder war für die nationalsozialistische Diktatur von großer Bedeutung – sei es bei der Stilisierung Hitlers zum „Führer", sei es bei der politischen Propaganda für die „Volksgemeinschaft", sei es bei der Ausgrenzung und Diffamierung von Menschengruppen und politischen Gegnern. Eine zentrale Rolle spielte die antisemitische Propaganda, die auf vielfältige Weise und in den verschiedensten Medien verbreitet wurde. Anhand des nebenstehenden Ausstellungsplakates können die Mechanismen der NS-Propaganda beispielhaft analysiert werden.

Arbeitsschritte und Fragestellungen zur Interpretation von Bildquellen

1. Die Bildquelle auf sich wirken lassen und den ersten Eindruck formulieren	a) Welche Stimmung vermittelt die Bildquelle? b) Was fällt mir zuerst auf? c) Was erregt mein Interesse? Was irritiert mich? d) Welche Fragen habe ich an die Bildquelle?
2. Die Entstehung und Überlieferung der Bildquelle klären	a) Wann ist die Bildquelle entstanden? b) Wie groß ist die Bildquelle? c) Wofür wirbt das Plakat?
3. Die einzelnen Elemente der Bildquelle beschreiben	a) Was ist im Einzelnen zu sehen? b) Wie ist es dargestellt? c) Was befindet sich an welcher Stelle in der Quelle? d) In welchen Passagen der Interpretation (M 21) wird das Bild beschrieben?
4. Die einzelnen Elemente der Bildquelle entschlüsseln	a) Wen soll die abgebildete Figur darstellen? b) Welche Bedeutung haben die Farben schwarz, gelb, grün und rot? c) Welche Bedeutung haben die „Gegenstände", die die Figur hält? d) In welchen Passagen der Interpretation wird die Bedeutung der Bildelemente entschlüsselt?
5. Den Kontext und die historischen Bezüge der Bildquelle erläutern	a) Um welche „große politische Schau" handelte es sich? b) An wen richtete sich das Plakat? c) Welche Wirkung wollte das Plakat erzielen? d) In welchen Passagen der Interpretation wird auf die historischen Bezüge eingegangen?
6. Die Bildquelle zusammenfassend interpretieren	a) Welche Bedeutung hatte das Plakat für die damalige Situation? b) Welche Bedeutung hat das Plakat für unser Wissen über die damalige Situation? c) Lässt sich seine Aussage mithilfe anderer Quellen erhärten? d) Welche Einschätzung findet sich in der Interpretation?

Inhalte der NS-Ideologie – Das „Führerprinzip"

M 22 **„Führer befiehl, wir folgen!"** Foto, August 1934

M 23 **„Ja! Führer wir folgen Dir!"**, Propagandaplakat, 1934

M 24 Charismatische Herrschaft

Der Historiker Hans-Ulrich Wehler betont in seiner Analyse des „Dritten Reiches" die charismatische Herrschaft Hitlers:

Hitlers charismatische Herrschaft hatte die [...] weit verbreitete sozialpsychische Disposition, auf die überlegene Tatkraft einer großen Persönlichkeit, eines „zweiten Bismarck", eines nationalen „Heilands" zu hoffen, in einem erstaunlichen Maß befriedigt. [...] In einer derart exaltierten Atmosphäre der Führervergottung konnte Hitler, mit seiner hochentwickelten Witterung für Stimmungen, unmittelbar nach der neuen Prestigeaufwertung während der Olympischen Spiele, in ekstatischen Worten seine messianische Sonderstellung unter dem Jubel von Hunderttausenden seiner Anhänger auf dem Reichsparteitag von 1936 beschwören: „Das ist das Wunder dieser Zeit, dass ihr mich gefunden habt [...] unter so vielen Millionen! Und dass ich euch gefunden habe, das ist Deutschlands Glück!" Offenbar haben Hitlers „theatralische Aktivität", seine „emotionalisierte Rhetorik" und die „Unbedingtheit" seiner Zielverkündigung immer wieder den richtigen Nerv getroffen.

Unmittelbar nach seinem 50. Geburtstag [...] nahm Hitler mit unnachahmlicher Hybris [=Überheblichkeit] alle Erfolge der letzten Jahre als charismatische Leistungen in einer [...] bemerkenswert offenherzigen Rede in Anspruch [...]: „Ich habe das Chaos in Deutschland überwunden, die Ordnung wieder hergestellt, die Produktion auf allen Gebieten unserer nationalen Wirtschaft ungeheuer gehoben", rief Hitler dem Reichstag mit manischer Ich-Besessenheit zu. „Es ist mir gelungen, die uns allen so zu Herzen gehenden sieben Millionen Erwerbslosen wieder in nützliche Produktion einzubauen, den deutschen Bauern trotz aller Schwierigkeiten auf seiner Scholle zu halten und diese selbst ihm zu retten, den deutschen Handel wieder zur Blüte zu bringen und den Verkehr auf das gewaltigste zu fördern. Um den Bedrohungen durch eine andere Welt vorzubeugen, habe ich das deutsche Volk nicht nur politisch geeint, sondern auch militärisch aufgerüstet, und ich habe weiter versucht, jenen Vertrag Blatt um Blatt zu beseitigen, der in seinen 448 Artikeln die gemeinste Vergewaltigung enthält, die jemals Völkern und Menschen zugemutet worden ist. Ich habe die uns 1919 geraubten Provinzen dem Reich wieder zurückgegeben, und ich habe Millionen von uns weggerissener, tief unglücklicher Deutscher wieder in die Heimat geführt, ich habe die tausendjährige Einheit des deutschen Lebensraums wieder hergestellt."

H.-U. Wehler, Deutsche Gesellschaftsgeschichte, Bd. 4, 1914–1949, München 2003, S. 676 und 678.

Aufgaben

1. ⊙⊙○ Erstellen Sie eine grafische Übersicht, in der die wesentlichen Elemente der NS-Ideologie deutlich werden. → Text, M10, M11
2. ⊙⊙○ Fassen Sie die zentralen Aussagen des Textes von Heinrich Claß zusammen und arbeiten Sie heraus, ob bzw. inwiefern es sich dabei um einen Vorläufer der NS-Ideologie handelt. → M5
3. a) ⊙⊙⊙ Interpretieren Sie das Plakat des Reichsbundes jüdischer Frontsoldaten.
   b) ⊙⊙⊙ Interpretieren Sie die Karikatur von 1942. → M6, M7
4. a) ⊙○○ Fassen Sie die zentralen Aussagen Hitlers zusammen.
   b) ⊙⊙⊙ Arbeiten Sie Elemente der NS-Ideologie heraus und erörtern Sie, warum dieser Brief für die Erschließung der NS-Ideologie so bedeutsam ist. → M8
5. a) ⊙⊙○ Erstellen Sie eine Tabelle, bei der Sie in der linken Spalte die einzelnen Programmpunkte notieren und in der rechten, wer damit angesprochen werden sollte.
   b) ⊙⊙⊙ Charakterisieren Sie anhand ihres Programmes die NSDAP und nehmen Sie Stellung zu der Frage, ob der Parteiname passend war. → M9
6. a) ⊙⊙○ Analysieren Sie die beiden Plakate M14/15.
   b) ⊙⊙○ Erklären Sie, weshalb den Frauen die Haare abgeschnitten wurden und warum dies öffentlich geschah.
   c) ⊙⊙⊙ Interpretieren Sie vergleichend die beiden Plakate M17 und M18.
   d) ⊙⊙○ Erläutern Sie mit eigenen Worten das Verhältnis von Inklusion und Exklusion in Bezug auf die „Volksgemeinschaft" und weisen Sie nach, dass beides für den Nationalsozialismus unverzichtbar war. → M14–M19
7. a) ⊙⊙○ Analysieren Sie anhand der beiden Abbildungen, wie der Führermythos im „Dritten Reich" gepflegt wurde.
   b) ⊙⊙○ Erklären Sie, was man unter charismatischer Herrschaft versteht. → M22–M24

Ludolf Haase und der Aufstieg der NSDAP in Niedersachsen

Anfänge in den 1920er-Jahren

Im Februar 1922 gründete der Medizin-Student Ludolf Haase (1898–1972) die erste Ortsgruppe der NSDAP in Göttingen, indem er verschiedene völkisch-antisemitische Verbände zusammenführte. Wiederholt betonte Haase, dass der Gau Hannover-Süd in der „Judenfrage" schon frühzeitig „einen sehr scharfen Standpunkt" eingenommen habe: „Wir erblickten im Rassengedanken und der damit verknüpften Judenfrage überhaupt den Kern des nationalsozialistischen Programms […]. Wir waren uns darüber klar, einen geradezu riesenhaften Kampf gegen die Großmacht Juda führen zu müssen, und dass von dem Siege über die Fremdlinge unsere ganze deutsche Zukunft abhing. […] Eine geheime Verbindung der Geldgewaltigen untereinander, verstrickt und verfilzt durch tausend Beziehungen wirtschaftlicher, verwandtschaftlicher und rassischer Art, wie das dichte Netz einer beutegierigen Raubspinne über Deutschland gebreitet, das war die jüdische Macht, die gebrochen werden musste." Gegenüber dieser angeblichen Gefahr einer „Judenherrschaft" – der Anteil der Juden an der Gesamtbevölkerung betrug etwa ein Prozent – sich zu behaupten und die Macht zu erringen, traute Haase nach einem Besuch bei Gesinnungsfreunden in München (1921) nur Adolf Hitler und der NSDAP zu.

Über alle Spaltungstendenzen der frühen NS-Bewegung hinweg blieb Haase seinem „Führer" treu ergeben. Hitler empfing Haase am 26. und 27. Mai 1924 während seiner Haft in der Festung Landsberg zu einer Zeit, als er gerade den ersten Teil seines Buches „Mein Kampf" zu schreiben begonnen hatte. Haase berichtete voller Begeisterung über dieses Treffen. Über seinen Freund Hermann Fobke, der als Teilnehmer des Hitler-Putsches ebenfalls in Landsberg inhaftiert war, hielt Haase fortan eine regelmäßige und vertrauensvolle Verbindung zu Hitler.

1927 wurde Haase von Hitler zum ersten Gauleiter für den Bereich Hannover-Süd berufen. Unter seiner Führung entwickelten sich die Ortsgruppen Hannover und Göttingen zu den aktivsten und größten Stützpunkten der Nationalsozialisten in Niedersachsen. Für Joseph Goebbels, den späteren Propagandaminister, der Göttingen im September 1925 besucht hatte, war Haase ein „konsequenter, radikaler Intelligenzler. Kalt, nüchtern, ohne Reiz. Man liebt ihn nicht, man achtet ihn."

Zitate aus:

Ludolf Haase, Aufstand in Niedersachsen. Der Kampf der NSDAP 1921/1924, o. O. 1942, in: Stadtarchiv Göttingen.

M 25 Ludolf Haase (1898–1972)
Mit NSDAP-Parteiabzeichen am Revers, Foto, 1926

Rassenpolitische Vorstellungen

In einer Aufzeichnung vom Dezember 1925 konkretisierte Haase seine rassenpolitischen Zielsetzungen: Angesichts der „Blutzusammensetzung" des deutschen Volkes könne man keinen völkischen Staat von Dauer schaffen; eine „rassenzüchterische Zielsetzung" sei unbedingt vonnöten. Aus der „einheimischen, vollständig bastardisierten Bevölkerung die Juden herauszufinden", falle zum Beispiel in Frankfurt am Main schwer. „Unser Bestreben hat sich daher auf die Herauskristallisierung einer deutschen Rasse zu richten, deren vorwiegend nordische Grundlage schärfstens zu wahren sein wird."

Seine rassenpolitischen Ziele verband Haase mit raumpolitischen Forderungen. Die „soziale Frage“ könne innerhalb der Reichsgrenzen von 1914 nicht befriedigend gelöst werden: „Bei Beibehaltung des lächerlich kleinen uns heute zur Verfügung stehenden Siedlungsgebietes werden wir in absehbarer Zeit aus der Reihe der Großvölker ausscheiden. Infolgedessen haben wir die Pflicht zur Eroberung des Ostens. [...] Grenzen der Landnahme sind hierbei gar nicht zu setzen. Deutschland marschiert aber nach dem Osten nicht nur, um sein eigenes Volkstum auszubreiten und aufzuarten, sondern auch als Vormacht des Germanentums.“ Die notwendige Kehrseite der „völkischen Auslese“ sah Haase in der Entfernung der „minderwertigen Elemente“ aus dem Volksganzen. Auszuscheiden seien „berufsmäßige Verbrecher, gewohnheitsmäßige Landstreicher, unverbesserliche Arbeitsscheue, Zuhälter, Dirnen, unzweifelhafte Wucherer und Schieber“. Dieses „Menschenmaterial“ solle ebenso der zwangsweisen Sterilisierung zugeführt werden wie Geisteskranke, Sittlichkeitsverbrecher und Alkoholiker.

Im März 1927 wurde Haase das Privileg zuteil, die Leitlinien der nationalsozialistischen Judenpolitik im „Völkischen Beobachter“ zu publizieren: „Das Ende fremdrassiger Blutzufuhr wird herbeigeführt durch Ausscheidung des Judentums und [durch] Fremdengesetze. Mit voller Wucht hat der Kampf gegen Keimschädigung durch Volksseuchen einzusetzen [...], denn Rassenhygiene gibt es im heutigen Staat des Geldsacks naturgemäß nicht. Noch brutaler gilt es, jede Form einer Internationale auszurotten.“ Durch diese Veröffentlichung im zentralen Kampfblatt der nationalsozialistischen Bewegung bekam Haases Beitrag den Charakter einer „parteiamtlichen“ Aussage. Für „Ziel und Weg“, die Zeitschrift des Nationalsozialistischen Deutschen Ärztebundes, war der Mediziner Haase der älteste „Vorkämpfer des Nationalsozialismus“, zugleich der „klarste und rücksichtsloseste Vertreter des Rassegedankens in der NSDAP“.

Aus dem 1933 vom NS-Ärztebund gegründeten „Aufklärungsamt für Bevölkerungspolitik und Rassenpflege“ ging dann 1934 das „Rassenpolitische Amt der NSDAP“ hervor. Leiter des Amtes wurde der Arzt Walter Groß (1904–1945), der einst mit Haase in Göttingen Medizin studiert hatte und mit diesem freundschaftlich verbunden blieb. Ähnlich wie Haase forderte Groß 1936, dass „der deutsche Arzt auch die hohe Aufgabe eines Wächters der Rassereinheit“ habe. Die Ärzte sollten sich auf dem Gebiet „der natürlichen Selektion, der Zucht und der Ausmerze“ betätigen.

Rückzug aus der aktiven Politik

Wegen einer Kopfverletzung, die er in der „Kampfzeit“ anlässlich einer „Saalschlacht“ mit politischen Gegnern („Marxisten“) erlitten hatte, zog sich Haase 1933 aus dem politisch aktiven Leben zurück. Als angeblich „Schwerbeschädigter der Partei“ bezog er eine „Ehrenunterstützung“ vom Reichsschatzmeister der NSDAP. 1937 wurde Haase die Ehrenbürgerschaft der Stadt Göttingen verliehen – nach Adolf Hitler (1933) und Bernhard Rust (1934), dem Reichserziehungsminister und seinem Nachfolger als Gauleiter, und vor Wilhelm Frick (1937), dem Reichsinnenminister.

M 26 **Göttingen**
Foto, 1. Mai 1939

In den folgenden Jahren widmete sich Haase seiner Doktorarbeit, die 1941 von der Medizinischen Fakultät der Universität Göttingen angenommen worden ist. Er hatte Missbildungen an Menschen mit „turmköpfiger Schädelbildung“ und „nicht geschiedenen Fingern“ untersucht. Für Haase sei das Thema auch deshalb von Bedeutung gewesen, weil „das Sterilisierungsgesetz bei derartig schwer beeinträchtigten Kranken zur Anwendung kommen“ müsse. Angesichts der politischen Bedeutung, die Haase seinem Thema beimaß, überrascht es nicht, dass er als Ergebnis feststellte: „Es kann kein Zweifel darüber bestehen, dass die Sterilisierung dieser Missgebildeten zu fordern ist, sofern sie das entsprechende Alter [zur Fortpflanzung] überhaupt erreichen.“

Arbeit im Ernährungsministerium

Bis 1945 arbeitete Haase dann mit Sondervertrag im Reichsministerium für Ernährung und Landwirtschaft unter dem Staatssekretär Herbert Backe, der 1942 von Hitler mit der Leitung des Ministeriums betraut worden war. Haase und Backe kannten sich aus der gemeinsamen „Kampfzeit“ der NSDAP in Göttingen. Als seine wichtigste Aufgabe bezeichnete der studierte Agrarpolitiker Backe die Ernährung für den „Großraum“ zu sichern, den „der Führer als Grundlage Europas sehen will“. Neben der „Erringung der Nahrungsfreiheit“ und der „Germanisierung“ der „weiten Räume“ im Osten sollte, so Haase 1942 in einer vertraulichen Denkschrift für Backe, das deutsche Landvolk helfen, die „immer reicher fließende Quelle des Blutes und der Gesundheit für das Deutschtum zu sein“ und den „Erbwert der

Nation" zu heben. Ziel sei die Steigerung der Fruchtbarkeit, durch die das deutsche Volk „zur Verdoppelung" gelange und so gegen Ende des Jahrhunderts die 200-Millionen-Grenze überschreite: „Die Wolga wäre dann nicht des Deutschtums Grenze, sondern des Deutschtums Strom." Haases und Backes Denkanstöße waren deckungsgleich mit Hitlers Lebensraum-Konzeption: „Das Land, das wir uns jetzt erschließen, ist für uns Rohstoff-Quelle und Absatz-Gebiet."

Lebensweg nach 1945

Anders als der Agrarideologe und SS-Führer Backe, der sich 1947 im Nürnberger Kriegsverbrechergefängnis das Leben nahm, um der befürchteten Auslieferung an die Sowjetunion zu entgehen, überstand Haase den Entnazifizierungsprozess nach 1945 nahezu unbehelligt. Im April 1949 stufte ihn der Entnazifizierungs-Hauptausschuss für besondere Berufe der Stadt Hannover als „Mitläufer" ein. Die Begründung widersprach in eklatanter Weise allen überlieferten Zeugnissen aus der Zeit vor 1945: Die Verhandlung habe gezeigt, dass es sich bei Haase um „einen Idealisten handelt, der ursprünglich der Partei zugestimmt hat, sie aber in entscheidenden Gedankengängen nicht nur abgelehnt, sondern auch bekämpft hat." Der Landesausschuss für die Entnazifizierung in Niedersachsen nahm schließlich Haases Behauptung als „unwiderlegt" hin, dass er in den Jahren 1925 bis 1940 ein kranker Mann gewesen und politisch in keiner Weise tätig gewesen wäre – Haase hatte seine Verletzung aus der „Kampfzeit" im Entnazifizierungsverfahren zu seiner Entlastung benutzt. Die politisch-propagandistischen Beiträge aus seiner Feder in der NS-Presse vor und nach 1933 wurden unterdrückt oder blieben unberücksichtigt. Als „kranker Mann" mit vermeintlicher „Opfer"-Rolle überwand Haase die Hürden der Entnazifizierung. Ab Herbst 1945 praktizierte er als Arzt im Raum Hannover; die 1937 verliehene Ehrenbürgerschaft der Stadt Göttingen wurde ihm allerdings 1952 aberkannt.

Fazit

Ludolf Haase gehörte – wie Herbert Backe, Werner Groß und Heinrich Himmler – der um die Jahrhundertwende geborenen Generation an, die im Ersten Weltkrieg nicht mehr oder nur kurzfristig zum militärischen Einsatz gekommen war. Diese überwiegend aus dem gehobenen Bürgertum stammende Kriegsjugendgeneration einte die Erfahrung des verlorenen Krieges und der politisch-sozialen Umwälzungen nach 1918 ebenso wie die Furcht vor einer ungesicherten beruflichen Perspektive. Die Schuld an dieser Entwicklung gaben sie den Juden, Demokraten und Sozialisten. Ihr aufgestauter Handlungsdrang führte sie über völkisch-antisemitische Bünde zum Nationalsozialismus. Sie zeichneten sich durch große Tatbereitschaft und einen kompromisslosen Rassenantisemitismus aus, der im „Antisemitismus der Vernunft", wie ihn Hitler seit 1919 propagierte, seinen signifikanten Ausdruck fand. Dieser „Antisemitismus der Vernunft" wurde zum Kernstück der nationalsozialistischen Ideologie.

2. Errichtung und Ausbau der Diktatur

Schein und Wirklichkeit

Der schöne Schein der „Volksgemeinschaft", der in der Propaganda verbreitet wurde, konnte über die menschenverachtende Politik der neuen Machthaber nicht hinwegtäuschen. Gewalt begleitete ihre Herrschaft von Anfang an. Der Zeitzeuge Casimir Katz (geb. 1925) berichtet in seinen Erinnerungen anschaulich und ungeschminkt über die alltäglichen Praktiken im Unrechtsregime der Nationalsozialisten:

„Die Konzentrationslager waren Anfang der Hitlerzeit noch allen gegenwärtig. Viele Bekannte, vor allem Kommunisten und Sozialdemokraten, waren plötzlich verschwunden. Es gab damals noch viele wilde Konzentrationslager, irgendwelche Keller, alte Gebäude, in denen SA und SS ihre Gegner mit abgeschnallten Schulterriemen, Gummiknüppeln oder mit Ochsenziemern blutig prügelten. Die Namen Dachau und Oranienburg (später Sachsenhausen) waren damals in aller Munde. Angeblich wurden die Leute in Schutzhaft genommen, um sie vor dem Volkszorn zu schützen. Gegen diese ungesetzlichen Maßnahmen schritt niemand ein, weder die Polizei, die langsam von der SS unterwandert wurde, noch die Justiz, noch die Reichswehr oder der greise Reichspräsident von Hindenburg, von dem man nicht genau wusste, ob er alles mitbekam."

Zitat aus:
Casimir Katz, Jeder sah es anders. Erinnerungen an meine Kindheit und Jugend im Dritten Reich, Gernsbach 2001.

Die Errichtung der Diktatur beruhte jedoch nicht nur auf Gewalt, sondern sie erfolgte auch – zumindest der Form nach – auf gesetzmäßigem Weg. Das Zusammenspiel von staatlichen Maßnahmen und öffentlicher Gewalt, die von der NSDAP ausgeübt wurde, ermöglichte es, dass die Nationalsozialisten ihre Herrschaft so schnell und so gründlich durchsetzen und absichern konnten.

Exkurs: Der Weg in die Diktatur 1930–1933

Wie konnte Adolf Hitler in Deutschland an die Macht gelangen? Diese Frage beschäftigte die Öffentlichkeit nach 1945 u. a. auch deshalb so stark, weil die Gefahr einer erneuten Diktatur gebannt werden sollte: Zur Herstellung gefestigter demokratischer Verhältnisse war die Kenntnis der Ursachen der nationalsozialistischen Machterringung unabdingbar.

Als Ausgangspunkt der fatalen Entwicklung wurde das Jahr 1930 angesehen. Während der Weltwirtschaftskrise stand der Staat vor der Aufgabe, die Krise zu bekämpfen und die steigende Zahl der Arbeitslosen zu versorgen. Die damalige Regierung scheiterte an diesen Fragen, was das äußere Zeichen der grundlegenden politischen Meinungsverschiedenheiten zwischen der arbeiterfreundlichen Sozialdemokratischen Partei (SPD) und der unternehmerfreundlichen Deutschen Volkspartei (DVP) darstellte. Die letzte Regierung, die sich auf eine parlamentarische Mehrheit stützen konnte, zerbrach. In dieser Situation kam dem Reichspräsidenten Paul von Hindenburg eine entscheidende Rolle zu, da er in derartigen Notfällen wichtige Rechte besaß. So konnte er einen Kanzler einsetzen, unter bestimmten Bedingungen Neuwahlen anordnen und, sofern das Parlament

M 1 **Heinrich Brüning (1885–1970)**

M 2 **Franz von Papen (1879–1969)**

M 3 **Kurt von Schleicher (1882–1934)**

keine Mehrheitsentscheidungen mehr zuwege brachte, sogenannte Notverordnungen erlassen.

Zunächst setzte Hindenburg den Zentrumspolitiker Heinrich Brüning ein, der versuchte, die Wirtschaftskrise mit einem rigorosen Sparkurs zu bekämpfen. Durch die Einschränkung der Staatsausgaben sollte das wirtschaftliche Gleichgewicht wieder hergestellt werden, die Wirtschaft sich mithin „gesundschrumpfen". Diese Politik führte jedoch zu einer beschleunigten Verarmung breiter Bevölkerungskreise. In einer Beurteilung der Lage ist aber auch die außenpolitische Situation zu berücksichtigen: Brüning wollte den Siegermächten des Ersten Weltkriegs demonstrieren, dass das krisengeschüttete Deutschland nicht in der Lage sei, die geforderten Wiedergutmachungszahlungen (Reparationen) zu leisten. In den zwei Jahren seiner Regierungszeit wurde Brüning von den demokratischen Parteien im Reichstag unterstützt, da diese andernfalls eine Machtübernahme durch radikale Kräfte befürchteten.

Die Reichstagswahlen 1930 und 1932 zeigten denn auch, dass insbesondere die Nationalsozialisten, aber auch die Kommunisten, von der verfahrenen politischen Situation profitierten. 1930 wurde die NSDAP zweitstärkste, 1932 stärkste Partei. Die Nationalsozialisten hatten kein Interesse an der parlamentarischen Arbeit und nutzten den Reichstag nur als Bühne für ihre politische Propaganda. Zugleich führten sie einen Kampf auf der Straße: Gewalttätige Aufmärsche, Saal- und Straßenschlachten bis hin zu politischen Morden waren an der Tagesordnung, sodass Deutschland im Bürgerkrieg zu versinken drohte.

1932 wurde Hindenburg erst im zweiten Wahlgang als Reichspräsident wiedergewählt, obwohl er von der SPD und der Zentrumspartei unterstützt wurde, die so die Wahl Hitlers verhindern wollten. In der Folgezeit gewannen in Hindenburgs Umfeld persönliche Berater und verschiedene Interessengruppen zunehmend an Einfluss, was dazu führte, dass Brüning als Reichskanzler entlassen und zunächst durch Franz von Papen, dann durch Kurt von Schleicher ersetzt wurde. Diesen beiden gelang es jedoch nicht, die Mehrheit des Parlaments und das dauerhafte Vertrauen Hindenburgs für sich zu gewinnen, sodass schließlich am 30. Januar 1933 Hitler zum Reichskanzler ernannt wurde. Die Ernennung erfolgte in Übereinstimmung mit den Regelungen der Weimarer Reichverfassung; Hitler stellte jedoch die Bedingung, für den März Neuwahlen auszuschreiben. Die neu gewonnene Stellung bot ihm die Möglichkeit, seine Macht systematisch auszubauen und zu festigen.

Bei der Frage nach den Ursachen der „Machtübernahme" sind sich die Historiker einig, dass diese nur durch das Zusammenspiel verschiedener Faktoren erklärt werden kann. Die Weltwirtschaftskrise, die problematische Rolle Hindenburgs, Schwächen in der Weimarer Verfassung, die Wahlerfolge der NSDAP, das propagandistische Talent Hitlers, die Zurückhaltung der demokratischen Parteien, die fehlende demokratische Gesinnung in weiten Teilen der Bevölkerung sind Aspekte, die in diesem Zusammenhang genannt werden müssen. Einigkeit besteht darüber, dass die Weimarer Republik angesichts der Probleme, mit denen sie zu kämpfen hatte, überfordert war.

M 4 „To the Dark Ages"
Amerikanische Karikatur zum „Ermächtigungsgesetz", New York Times, 2. April 1933

„Reichstagsbrandverordnung" und „Ermächtigungsgesetz"

Nachdem Hitler am 30. Januar 1933 zum Reichskanzler ernannt worden war, wurden Neuwahlen ausgeschrieben, die der NSDAP eine Mehrheit bringen sollten: Nach ihrem schnellen Aufstieg hatte die NSDAP in den letzten Wahlen im November 1932 nämlich Verluste erlitten. Während des Wahlkampfes, bei dem die Nationalsozialisten ihre politischen Gegner massiv unter Druck setzten, brach im Reichstag ein Brand aus, den die neue Regierung unter Hitler politisch zu ihren Gunsten ausnutzte. Die sogenannte „Reichstagsbrandverordnung" („Verordnung des Reichspräsidenten zum Schutz von Volk und Staat") vom 28. Februar 1933, die die Grund- und Freiheitsrechte der Weimarer Verfassung „bis auf weiteres" außer Kraft setzte, bildete eine wichtige Voraussetzung zur Errichtung des nationalsozialistischen Unrechtsregimes. Diese Verordnung diente als scheinlegale Begründung für die sofortige Ausschaltung politischer Gegner, insbesondere aus der KPD und der SPD. Später wurde sie auch gegen christlich-religiös motivierte Gegner der NSDAP und als generelle Grundlage für die „Schutzhaft"-Praxis verwendet.

Die Reichstagswahlen am 5. März 1933 brachten der NSDAP zwar deutliche Gewinne, die Partei verfehlte jedoch die absolute Mehrheit, sodass sie nicht allein regieren konnte. Bei den folgenden Maßnahmen war Hitler also noch darauf angewiesen, andere Parteien auf seine Seite zu ziehen. Mit dem „Gesetz zur Behebung der Not von Volk und Reich", dem sogenannten „Ermächtigungsgesetz" vom 24. März 1933, erreichte Hitler schließlich die Übertragung der legislativen Gewalt auf die Exekutive. Eine Gewaltenteilung existierte damit nicht mehr, infolgedessen auch keine Kontrolle der Reichsregierung durch den Reichstag. Das „Ermächtigungsgesetz" war auf vier Jahre angelegt, es wurde immer wieder verlängert und blieb, ebenso wie die „Reichstagsbrandverordnung", bis 1945 in Kraft. Der Ausnahmezustand wurde so zum „Grundgesetz" des „Dritten Reiches".

M 5 Häftlinge beim Zählappell im Konzentrationslager Dachau
Die Zahl der politischen Gefangenen in den ersten sechs Jahren der nationalsozialistischen Herrschaft betrug ca. 225 000 Personen, Foto von 1936.

M 6 **Propaganda zum 1. Mai**
Die Nationalsozialisten vereinnahmten diesen Tag, der einst gewerkschaftlichen Forderungen der Arbeiter vorbehalten war.

Die Nationalsozialisten festigen ihre Macht

Unter rechtswidriger Anwendung der „Reichstagsbrandverordnung“ gelang es Hitler, die noch gewählten Landesregierungen durch nationalsozialistische Reichskommissare und Reichsstatthalter zu ersetzen und so den „Gleichschaltungsprozess“ in den Ländern einzuleiten. Im Zuge dieses Verfahrens und durch „Säuberung“ des Beamtenapparates nach dem „Gesetz zur Wiederherstellung des Berufsbeamtentums“ vom 7. April 1933 wurden sozialdemokratische und jüdische Bedienstete aus dem Staatsdienst entfernt. In die so frei gewordenen Ämter zogen „alte Kämpfer“ der NSDAP ein. SA- und SS-Führer besetzten die Schlüsselpositionen in den Ministerien und Polizeipräsidien – kurzfristig zur Unterdrückung jeglicher Opposition, langfristig zur Herrschaftssicherung. Unter diesem Druck lösten sich die anderen Parteien bis zum Sommer entweder selbst auf, oder sie wurden verboten. Die NSDAP war nun die einzige zugelassene Partei; Deutschland war innerhalb nur eines halben Jahres zu einem Einparteienstaat geworden.

1933 erklärten die Nationalsozialisten den 1. Mai zum „Tag der nationalen Arbeit“ und bezahlten Feiertag. Einen Tag später, am 2. Mai 1933, ließ Hitler die Gewerkschaftshäuser durch SA und SS besetzen, die Funktionäre verhaften und das Eigentum beschlagnahmen. An die Stelle der freien Gewerkschaften trat die „Deutsche Arbeitsfront“ (DAF), in der Arbeitnehmer und Arbeitgeber zwangsvereinigt wurden. Mit dem Entzug des Streikrechts verlor die Arbeiterschaft das wichtigste Instrument zur Durchsetzung ihrer Interessen. Die Löhne wurden fortan von „Treuhändern der Arbeit“ festgelegt, das Realeinkommen der Arbeiter stagnierte.

Zustimmung und Anpassung

Arbeitsbeschaffungsprogramme, Arbeitsdienst und die Wiedereinführung der Wehrpflicht (1935) sowie die beginnende Aufrüstung minderten die Massenarbeitslosigkeit jedoch deutlich. Dadurch und angesichts der ersten Erfolge in der Außenpolitik gewann die nationalsozialistische Regierung mehr und mehr Zustimmung in der Bevölkerung, was sich nicht zuletzt an den steigenden Mitgliederzahlen der NSDAP ablesen lässt. Zur besseren Kontrolle erließ die Parteiführung Anfang Mai 1933 sogar eine Aufnahmesperre, die bis 1937 andauerte. Ende 1938 schnellte die Mitgliederzahl dann auf etwa sieben Millionen hoch und erreichte ihren Höchststand 1944 mit ca. zehn Millionen. Unberücksichtigt blieben dabei die Mitglieder in den Gliederungen (SA, SS, HJ) und angeschlossenen Verbänden (z. B. NS-Juristenbund, NS-Ärztebund) der NSDAP. Jene Personen, die nach den Reichstagswahlen im März 1933 der Partei beigetreten sind, wurden von den „Alten Kämpfern“ der NSDAP als „Märzgefallene“ oder „Konjunkturritter“ bezeichnet. Ihnen wurde Opportunismus unterstellt, da die Parteimitgliedschaft im Berufsleben von Vorteil war, insbesondere für Beamte, Angestellte und Arbeiter im öffentlichen Dienst. Von 1937 an war die Mitgliedschaft in der NSDAP oder in einer ihrer Gliederungen Voraussetzung für die Aufnahme ins Beamtenverhältnis. Opportunismus und Willfährigkeit sind Ausdrucksformen der Anpassung. Sie förderten regimekonformes Verhalten und lähmten von Anfang an die Bereitschaft zum Widerstand.

M 7 **Werbung für den KdF-Wagen, 1938**

„Reichstagsbrandverordnung" und „Ermächtigungsgesetz" – Mit Gesetzestexten arbeiten

M 8 Die „Reichstagsbrandverordnung"

„Verordnung des Reichspräsidenten zum Schutz von Volk und Staat" (28. Februar 1933):

Aufgrund des Artikels 48 Abs. 2 der Reichsverfassung wird zur Abwehr kommunistischer staatsgefährdender Gewaltakte Folgendes verordnet:

§ 1

Die Artikel 114, 115, 117, 118, 123, 124 und 153 der Verfassung des Deutschen Reichs werden bis auf weiteres außer Kraft gesetzt. Es sind daher Beschränkungen der persönlichen Freiheit, des Rechts der freien Meinungsäußerung, einschließlich der Pressefreiheit, des Vereins- und Versammlungsrechts, Eingriffe in das Brief-, Post-, Telegrafen- und Fernsprechgeheimnis, Anordnungen von Haussuchungen und von Beschlagnahmen sowie Beschränkungen des Eigentums auch außerhalb der sonst hierfür bestimmten gesetzlichen Grenzen zulässig.

§ 2

Werden in einem Lande die zur Wiederherstellung der öffentlichen Sicherheit und Ordnung nötigen Maßnahmen nicht getroffen, so kann die Reichsregierung insoweit die Befugnisse der obersten Landesbehörde vorübergehend wahrnehmen.

§ 3

Die Behörden der Länder und Gemeinden (Gemeindeverbände) haben den aufgrund des § 2 erlassenen Anordnungen der Reichsregierung im Rahmen ihrer Zuständigkeit Folge zu leisten.

§ 4

Wer den von den obersten Landesbehörden oder den ihnen nachgeordneten Behörden zur Durchführung dieser Verordnung erlassenen Anordnungen oder den von der Reichsregierung gemäß § 2 erlassenen Anordnungen zuwiderhandelt oder wer zu solcher Zuwiderhandlung auffordert oder anreizt, wird, soweit nicht die Tat nach anderen Vorschriften mit einer schwereren Strafe bedroht ist, mit Gefängnis nicht unter einem Monat oder mit Geldstrafe von 150 bis zu 15000 Reichsmark bestraft. Wer durch Zuwiderhandlung nach Abs. 1 eine gemeine Gefahr für Menschenleben herbeiführt, wird mit Zuchthaus, bei mildernden Umständen mit Gefängnis nicht unter sechs Monaten und, wenn die Zuwiderhandlung den Tod eines Menschen verursacht, mit dem Tode, bei mildernden Umständen mit Zuchthaus nicht unter zwei Jahren bestraft. Daneben kann auf Vermögenseinziehung erkannt werden. Wer zu einer gemeingefährlichen Zuwiderhandlung (Abs. 2) auffordert oder anreizt, wird mit Zuchthaus, bei mildernden Umständen mit Gefängnis nicht unter drei Monaten bestraft.

Reichsgesetzblatt Teil I, Nr. 17/28.2.1933

M 9 Das „Ermächtigungsgesetz"

a) „Gesetz zur Behebung der Not von Volk und Reich" (24. März 1933):

Der Reichstag hat das folgende Gesetz beschlossen, das mit Zustimmung des Reichsrats hiermit verkündet wird, nachdem festgestellt ist, dass die Erfordernisse verfassungsändernder Gesetzgebung erfüllt sind:

Artikel 1

Reichsgesetze können außer in dem in der Reichsverfassung vorgesehenen Verfahren auch durch die Reichsregierung beschlossen werden. Dies gilt auch für die in den Artikeln 85 Abs. 2 und 87 der Reichsverfassung bezeichneten Gesetze.

Artikel 2

Die von der Reichsregierung beschlossenen Reichsgesetze können von der Reichsverfassung abweichen, soweit sie nicht die Einrichtung des Reichstags und des Reichsrats als solche zum Gegenstand haben. Die Rechte des Reichspräsidenten bleiben unberührt.

Artikel 3

Die von der Reichsregierung beschlossenen Reichsgesetze werden vom Reichskanzler ausgefertigt und im Reichsgesetzblatt verkündet. Sie treten, soweit sie nichts anderes bestimmen, mit dem auf die Verkündung folgenden Tage in Kraft. Die Artikel 68 bis 77 der Reichsverfassung finden auf die von der Reichsregierung beschlossenen Gesetze keine Anwendung.

Artikel 4

Verträge des Reichs mit fremden Staaten, die sich auf Gegenstände der Reichsgesetzgebung beziehen, bedürfen nicht der Zustimmung der an der Gesetzgebung beteiligten Körperschaften. Die Reichsregierung erlässt die zur Durchführung dieser Verträge erforderlichen Vorschriften.

Artikel 5

Dieses Gesetz tritt mit dem Tage seiner Verkündung in Kraft. Es tritt mit dem 1. April 1937 außer Kraft; es tritt ferner außer Kraft, wenn die gegenwärtige Reichsregierung durch eine andere abgelöst wird.

Reichsgesetzblatt, Teil I, Nr. 25/24.3.1933

b) „Gesetz zur Verlängerung des Gesetzes zur Behebung zur Behebung der Not von Volk und Reich" (30. Januar 1937):

Der Reichstag hat das folgende Gesetz einstimmig beschlossen, das hiermit verkündet wird:
(1) Die Geltungsdauer des Gesetzes zur Behebung der Not von Volk und Reich vom 24. März 1933 (Reichsgesetzbl. I S. 141) wird bis zum 1. April 1941 verlängert.
(2) Das Gesetz über den Neuaufbau des Reichs vom 30. Januar 1934 (Reichsgesetzbl. I S. 75) bleibt unberührt.
Berlin, den 30. Januar 1937.
Der Führer und Reichskanzler Adolf Hitler
Der Reichsminister des Innern Frick

Reichsgesetzblatt I, S. 105.

c) „Gesetz zur Verlängerung des Gesetzes zur Behebung zur Behebung der Not von Volk und Reich" (30. Januar 1939):

Der Reichstag hat in Ergänzung des Gesetzes vom 30. Januar 1937 (Reichsgesetzbl. I S. 105) das folgende Gesetz einstimmig beschlosse, das hiermit verkündet wird:
1. Die Geltungsdauer des Gesetzes zur Behebung der Not von Volk und Reich vom 24. März 1933 (Reichsgesetzbl. I S. 141) wird bis zum 10. Mai 1943 verlängert.
2. Das Gesetz über den Neuaufbau des Reichs vom 30. Januar 1934 (Reichsgesetzbl. I S. 75) bleibt unberührt.
Berlin, den 30. Januar 1939.
Der Führer und Reichskanzler Adolf Hitler
Der Reichsminister des Innern Frick

Reichsgesetzblatt I, S. 95.

M 10 „Legale Machtergreifung"?

Der Historiker Horst Möller schreibt (1983):

Aber auch die für die NS-Herrschaft entscheidenden Stationen der ersten Monate waren nicht legal im Sinne der Weimarer Verfassung: Die formelle Korrektheit der Beratungs- und Entscheidungsprozedur beim Zustandekommen des Ermächtigungsgesetzes änderte nichts daran, dass der Reichstag bei diesem Beschluss nicht legal zusammengesetzt war. Schon der Terror bis zum 5. März 1933, den die NSDAP unter Zuhilfenahme der nun von Göring befehligten preußischen Polizei auf Wähler und politische Gegner ausübte, war alles andere als legal. Aber lässt man diese Vorgänge außer Betracht, weil ihre Wirkung auf die Wähler nicht zweifelsfrei messbar ist, dann bleibt der Tatbestand: 81 KPD- und einige SPD-Abgeordnete waren verhaftet worden; unter Verletzung der durch die Verfassung garantierten Immunität wurden sie an der Wahrnahme ihres Mandats gehindert. Aber selbst diese zweifelsfreie Illegalität, die allein ausreicht, die These einer „legalen" Machtergreifung zu widerlegen, ist nur ein illegaler Akt unter anderen.
Im Übrigen ist das Ermächtigungsgesetz nicht legal angewendet worden: Nach dem Rücktritt Hugenbergs am 26.6.1933 hätte es nicht mehr praktiziert werden dürfen, bestimmte der Artikel 5 doch, dass es außer Kraft trete, „wenn die gegenwärtige Reichsregierung durch eine andere abgelöst wird". In der Tat wäre das Ausscheiden des wichtigsten Koalitionspartners ein solcher Grund gewesen.
Nach Artikel 2 durften die aufgrund des Ermächtigungsgesetzes erlassenen Reichsgesetze nicht die Einrichtung des Reichstags und des Reichsrates als solche zum Gegenstand haben, die Rechte des Reichspräsidenten mussten unberührt bleiben. Tatsächlich ist der Reichsrat am 14.2.1934 aufgehoben und damit das Ermächtigungsgesetz auch formell gebrochen worden, nachdem die Institution des Reichsrates bereits seit Frühjahr 1933 durch Auflösung der Länder keinen der Weimarer Verfassung entsprechenden Sinn mehr hatte. Schließlich bedeutete die nach dem Tode Hindenburgs am 2. August 1934 erfolgte Zusammenlegung des Reichspräsidentenamtes mit dem des Reichskanzlers eine zumindest höchst fragwürdige Auslegung des Ermächtigungsgesetzes, kann doch die dort erfolgte ausdrückliche Sicherung der Kompetenzen des Reichspräsidenten nur dann sinnvoll sein, wenn er als selbstständiges Verfassungsorgan neben Reichstag, Reichsrat und Reichsregierung besteht: Gerade das aber setzt die Nennung der Verfassungsorgane im Artikel 2 voraus.
Schon diese wenigen Erinnerungen an bekannte Verfassungsverstöße der NS-Machthaber belegen, dass die These von der Legalität der NS-Machtergreifung einigermaßen absurd ist.

Horst Möller, Die nationalsozialistische Machtergreifung – eine Revolution?, in: Rudolf Lill, Heinrich Oberreuter, Machtverfall und Machtergreifung. Aufstieg und Herrschaft des Nationalsozialismus, München 1983, S. 121–139.

Verführung – Propagandaplakate analysieren

M 11 **„Hinein ... in die Sportkurse der N.S. Gemeinschaft Kraft durch Freude"**
Propagandaplakat, nach 1934

M 12 **„Hinein in dein herrliches Land – Jahresprogramm der NS-Gemeinschaft Kraft durch Freude",** Propagandaplakat, 1937

M 13 **„Mit ‚Kraft durch Freude' nach Italien",** Propagandaplakat, 1938

M 14 **„Das Ballett der N.S. Gemeinschaft Kraft durch Freude",** Propagandaplakat, Mai 1936

Verführung – Mit einer Darstellung arbeiten

M 15 „Hitlers Volksstaat"

Der Historiker Götz Aly schreibt in seinem Buch „Hitlers Volksstaat" (2006):

Wie konnte ein im Nachhinein so offenkundig betrügerisches, größenwahnsinniges und verbrecherisches Unternehmen wie der Nationalsozialismus ein derart hohes, den Heutigen kaum erklärbares Maß an innenpolitischer Integration erreichen?
Um zu einer überzeugenden Antwort beizutragen, betrachte ich die NS-Herrschaft aus einem Blickwinkel, der sie als Gefälligkeitsdiktatur zeigt. Die insoweit wichtigen Fragen lassen sich am besten für die Zeit des Krieges beantworten, in der auch die anderen Charakteristika des Nationalsozialismus besonders deutlich hervortreten. Hitler, die Gauleiter der NSDAP, ein Gutteil der Minister, Staatssekretäre und Berater agierten als klassische Stimmungspolitiker. Sie fragten sich fast stündlich, wie sie die allgemeine Zufriedenheit sicherstellen und verbessern könnten. Sie erkauften sich den öffentlichen Zuspruch oder wenigstens die Gleichgültigkeit jeden Tag neu. Auf der Basis von Geben und Nehmen errichteten sie eine jederzeit mehrheitsfähige Zustimmungsdiktatur. Die kritischen Punkte, an denen sich ihre Politik der volksnahen Wohltaten zu bewähren hatte, ergaben sich aus der Analyse des inneren Zusammenbruchs am Ende des Ersten Weltkriegs.
Folglich versuchte die NS-Führung im Zweiten Weltkrieg, erstens die Lebensmittel möglichst so zu verteilen, dass die Vergabe namentlich von den einfachen Leuten als gerecht empfunden wurde. Zweitens tat sie alles, um die Reichsmark wenigstens äußerlich stabil zu halten. So sollte skeptischen Hinweisen auf die Kriegsinflation von 1914 bis 1918 wie auf den Zusammenbruch der deutschen Währung im Jahr 1923 der Boden entzogen werden. Drittens ging es darum, die Familien der Soldaten – im klaren Gegensatz zum Ersten Weltkrieg – mit genug Geld zu versorgen. Sie erhielten an die 85 Prozent dessen, was der eingezogene Soldat zuletzt netto verdient hatte. Die entsprechenden britischen und amerikanischen Familien bekamen im Vergleich weniger als die Hälfte. [...]
Wie aber wurde der kostspieligste Krieg der Weltgeschichte bezahlt, wenn die Mehrheit davon so wenig wie nur möglich spüren sollte? Die Antwort liegt auf der Hand: Hitler schonte den Durchschnittsarier auf Kosten der Lebensgrundlagen anderer. Um das eigene Volk bei Laune zu halten, ruinierte die Reichsregierung die Währungen Europas, indem sie ständig höhere Kontributionen erzwang. [...] In die deutsche Kriegskasse flossen auch die Milliardenbeträge, die aus der Enteignung der Juden Europas gewonnen wurden.

Götz Aly, Hitlers Volksstaat. Raub, Rassenkrieg und nationaler Sozialismus, Frankfurt / Main 2006, S. 36 ff.

Aufgaben

1. a) ⊙○○ Erstellen Sie eine Übersicht über den Prozess der nationalsozialistischen Machtsicherung.
   b) ⊙⊙⊙ Erörtern Sie, an welchem Punkt bzw. mit welcher Maßnahme der Weg in die Diktatur unumkehrbar geworden war. → Text
2. a) ⊙○○ Fassen Sie in jeweils einem Begriff den Inhalt der einzelnen Paragrafen der sogenannten „Reichstagsbrandverordnung" zusammen.
   b) ⊙⊙○ Erläutern Sie anhand des Gesetzestextes die verfassungsrechtliche Bedeutung des sogenannten „Ermächtigungsgesetzes".
   c) ⊙⊙○ Viele Abgeordnete demokratischer Parteien haben diesem Gesetz zugestimmt. Erläutern Sie mögliche Motive.
   d) ⊙⊙⊙ Ist die Zustimmung zum „Ermächtigungsgesetz" aus heutiger Sicht entschuldbar? Begründen Sie Ihre Meinung.
   e) ⊙⊙⊙ War die Machtübernahme der Nationalsozialisten legal? Erläutern Sie knapp die Position des Historikers Horst Möller und setzen Sie sich mit seinen Aussagen auseinander. → M8–M10
3. a) ⊙⊙○ Informieren Sie sich über die NS-Organisation „Kraft durch Freude".
   b) ⊙⊙○ Erläutern Sie anhand der Plakate, worin die Faszination der „Volksgemeinschaft" bestand.
   c) ⊙⊙⊙ Der Nationalsozialismus trug zur Modernisierung der deutschen Gesellschaft bei. Diskutieren Sie diese These anhand der Propagandaplakate.
   → M11–M14
4. a) ⊙⊙○ Arbeiten Sie die Fragestellung heraus, von der der Historiker Götz Aly ausgeht, und fassen Sie seine Antwort knapp zusammen.
   b) ⊙⊙⊙ Überzeugt Sie seine Argumentation? Begründen Sie Ihre Meinung. → M15

Exkurs: Das Konzentrationslager Neuengamme

M 16 **KZ-Häftlinge** bei der Regulierung der Dove-Elbe, 1941

Geschichte des KZ Neuengamme

In der Hamburger Elbmarsch entstand 1938 ein Konzentrationslager. Zunächst von der SS in einer alten Ziegelei als ein Außenlager des KZ Sachsenhausen errichtet, wurde das KZ Neuengamme im Frühjahr 1940 zu einem eigenständigen Hauptlager, das sich bis 1945 zum zentralen Konzentrationslager in Nordwestdeutschland entwickelte. Kurz vor Kriegsende wurden die letzten Häftlinge auf Todesmärsche geschickt oder auf Schiffe gebracht, die als schwimmende Konzentrationslager dienten. Nach der Räumung des Lagers begann ein Restkommando damit, alle Spuren der begangenen Verbrechen zu verwischen. Baracken wurden gereinigt und zum Teil frisch gekalkt, verräterische Einrichtungen wie Galgen und Prügelböcke wurden demontiert, Schriftstücke vernichtet. Als Anfang Mai 1945 britische Soldaten das Lager inspizierten, fanden sie einen Ort vor, an dem keine Spuren mehr davon zeugten, was sich hier in den Kriegsjahren ereignet hatte. Bis 1948 nutzte die britische Militärverwaltung die Gebäude und das Gelände als Internierungslager, in das zunächst SS-Angehörige, später auch zivile Funktionsträger des NS-Staates und mutmaßliche Kriegsverbrecher eingewiesen wurden. Anschließend wurde das Gelände der Stadt Hamburg übergeben, die hier ein Gefängnis einrichtete.

„Vernichtung durch Arbeit“

Während des Krieges wurden mehrere Zehntausend Gefangene aus allen besetzten Ländern Europas nach Neuengamme deportiert. Mit dem Ziel der „Vernichtung durch Arbeit“ mussten die Gefangenen Zwangsarbeit leisten, zum Beispiel in der Klinkerproduktion, bei Bauarbeiten, bei der Trümmerbeseitigung, in der Rüstungsindustrie oder auf Werften. Für die Unterbringung der Häftlinge wurden mehr als achtzig Außenlager in ganz Norddeutschland eingerichtet. 17 von diesen Außenlagern befanden sich in Hamburg. Die Zustände in den Außenlagern und im KZ Neuengamme waren grauenvoll: Die Verpflegung war so unzureichend und die Arbeit so schwer, dass viele Häftlinge bereits nach wenigen Monaten starben. Nach Schätzungen der Historiker beläuft sich die Zahl der Menschen, die als Häftlinge des KZ Neuengamme starben, auf 42 900. Insgesamt waren etwa 100 600 Menschen aus verschiedenen Ländern Europas in Neuengamme interniert. Zu den Insassen und Opfern zählten u. a. politische Häftlinge, Sinti und Roma, Juden, Polizeihäftlinge und Kriegsgefangene.

Die Organisation und die Täter des KZ

Die Organisation des KZ Neuengamme bestand aus verschiedenen Abteilungen, u. a. der Kommandantur, der Abteilung Arbeitseinsatz, der Verwaltung und der Medizinischen Abteilung. Die SS-Aufseher behandelten die Gefangenen, die als „Staatsfeinde“, Verbrecher und „Asoziale“ galten, auf menschenverachtende Art und Weise. Das Häftlingslager war mit Stacheldraht umzäunt, der nachts elektrisch geladen war. Posten bewachten das Lager und begleiteten die Gefangenen beim Marsch zur Arbeit. Das KZ Neuengamme hatte drei Kommandanten: Walter Eisfeld (1940), Martin Weiß (1940–1942) und

Max Pauly (1942–1945). Die Kommandeure der Wachmannschaften unterstanden der SS-Führung. Für die Bewachung der Außenlager wurden 1944/45 zusätzlich Angehörige von Wehrmacht, Zoll, Polizei und Reichsbahn verpflichtet, die keine SS-Mitglieder waren.

Das Außenlager Bullenhuser Damm

Im Oktober 1944 wurde in einer ehemaligen Schule am Bullenhuser Damm im durch Bombenangriffe schwer zerstörten Stadtteil Rothenburgsort ein Außenlager des KZ Neuengamme eingerichtet. 1000 Häftlinge sollten hier für die SS-eigene Firma „Deutsche Erd- und Steinwerke“ arbeiten, sie wurden jedoch zunächst für Aufräumarbeiten und zur Aufbereitung von Ziegeln eingesetzt. Am 20. April 1945, wenige Tage vor Kriegsende, wurden im Keller der Schule 20 Kinder aus dem KZ Neuengamme, ihre vier Betreuer sowie 24 sowjetische KZ-Häftlinge ermordet. Die Kinder waren im November 1944 aus Auschwitz nach Neuengamme gebracht worden, wo sie der SS-Arzt Kurt Heißmeyer zu medizinischen Experimenten missbrauchte. Die Morde vom 20. April 1945 sollten der Vertuschung dieser Verbrechen dienen.

M 17 **Gedenktafel für die ermordeten Kinder am Bullenhuser Damm**
Foto von 2006

Curiohaus-Prozess in Hamburg

Vom 18. März bis zum 3. Mai 1946 fand im Hamburger Curiohaus der Hauptprozess des britischen Militärgerichts gegen verantwortliche SS-Führer und Aufseher des KZ Neuengamme statt. Die Anklage lautete auf Tötung und Misshandlung Staatsangehöriger der alliierten Nationen. Inhalt des Prozesses war auch die Ermordung der 20 Kinder im Nebenlager Bullenhuser Damm. Von den 14 Angeklagten, darunter der Lagerkommandant Max Pauly, wurden elf zum Tode verurteilt und hingerichtet.

Die Erinnerung an das KZ Neuengamme

Die gründliche Spurenvernichtung und die Nachkriegsnutzung als Internierungslager bzw. Gefängnis haben zweifellos dazu beigetragen, dass schnell vergessen wurde, welche Verbrechen im KZ Neuengamme begangen wurden. Mehrere Jahrzehnte lang spielte das KZ in der öffentlichen Erinnerung keine Rolle. Erst allmählich entwickelte sich eine Gedenk- und Erinnerungskultur, die zu Beginn maßgeblich von Überlebenden des Konzentrationslagers geprägt wurde. So wurde 1953 auf Initiative französischer Überlebender eine Gedenksäule errichtet und 1965 ein steinernes Mahnmal am Rand des Geländes angelegt.

In den 1970er-Jahren nahm die gesellschaftliche und politische Bereitschaft, sich mit der NS-Vergangenheit auseinanderzusetzen, langsam zu. 1979 fasste der Hamburger Senat den Beschluss, die Mahnmalsanlage in Neuengamme durch ein „Dokumentenhaus“ zu erweitern, das 1981 eingeweiht wurde. Damit wurde erstmals direkt vor Ort über die Geschichte des Konzentrationslagers informiert. Mit dem Ausbau zu einer Dokumentations- und Gedenkstätte konnte jedoch erst 2003 begonnen werden, nachdem die Justizvollzugsanstalt, die sich bis zu diesem Zeitpunkt auf dem Gelände befand, geschlossen und das Areal der Gedenkstätte übergeben worden war. Am 60. Jahrestag des Kriegsendes, im Mai 2005, wurde die Gedenkstätte Neuengamme in ihrer heutigen Form eingeweiht.

M 18 **„Der sterbende Häftling“**
Die Skulptur von Françoise Salmon ist Teil des 1965 errichteten Mahnmals in Neuengamme.

Bullenhuser Damm – Opfer und Täter

Elisabeth Hornemann mit ihren Söhnen Eduard und Alexander

Ruchla Zylberberg

Lange Zeit waren die Biografien der 20 Kinder, die am 20. April 1945 im Keller der ehemaligen Schule am Bullenhuser Damm ermordet wurden, unbekannt. Erst 30 Jahre nach diesem Verbrechen versuchte der Hamburger Journalist Günther Schwarberg, die Identität der Kinder zu klären. Über fünf Kinder weiß man jedoch noch immer nur sehr wenig. Die Geschichten von dreien der zwanzig Kinder sollen hier stellvertretend erzählt werden:

M 19 Eduard und Alexander Hornemann

Eduard, der ältere der beiden Brüder Hornemann, wurde am 1. Januar 1933 geboren. Seine Familie nannte ihn Edo. Alexander Hornemann wurde am 31. Mai 1936 geboren. Er wurde Lexje genannt. Die Familie lebte in Eindhoven in den Niederlanden. Eduards und Alexanders Vater Philip Carel Hornemann arbeitete bei der Firma Philips. Nach der Besetzung der Niederlande durch die deutsche Wehrmacht wurde er Ende 1941 mit 100 jüdischen Kollegen in einer Sonderabteilung der Firma zusammengefasst. Seine Frau Elisabeth versteckte sich mit Alexander auf einem Bauernhof, während Eduard auf einem anderen Hof untergebracht wurde. Als 1943 die jüdischen Beschäftigten der Firma Philips in das Konzentrationslager Vught verschleppt wurden, folgte Elisabeth Hornemann ihrem Mann mit den beiden Söhnen. Am 3. Juni 1944 wurde die Familie von Vught in das KZ Auschwitz deportiert. Elisabeth Hornemann starb dort im September 1944 an Typhus. Eduard und Alexander wurden in die Kinderbaracke verlegt. Philip Carel Hornemann wurde kurz vor der Befreiung des KZ Auschwitz in das KZ Dachau gebracht und von dort in das KZ Sachsenhausen. Auf diesem Transport starb er am 21. Februar 1945. Eduard und Alexander Hornemann wurden am 28. November 1944 in das KZ Neuengamme gebracht und am 20. April 1945 am Bullenhuser Damm ermordet. Eduard war 12 Jahre alt, sein Bruder Alexander 8 Jahre.

Zit. nach: Die Gedenkstätte Bullenhuser Damm, hrsg. von der KZ-Gedenkstätte Neuengamme, Hamburg 2011, S. 22 f.

M 20 Ruchla Zylberberg

Ruchla Zylberberg wurde am 6. Mai 1936 in Zawichost geboren. Als die deutsche Wehrmacht Polen besetzte, konnte ihr Vater, der Schuhmacher Nison Zylberberg, mit seinem Bruder Henrik und seiner Schwägerin Felicja nach Russland fliehen. Die anderen Familienmitglieder sollten ihnen folgen, aber der deutsche Überfall auf die Sowjetunion 1941 machte dies unmöglich. Ruchla wurde mit ihrer Mutter Fajga und ihrer kleinen Schwester Esther nach Auschwitz deportiert, Fajga und Esther wurden dort ermordet.

Ruchla Zylberbergs Vater Nison überlebte den Krieg und wanderte 1951 in die USA aus. Seine Brüder Josef und Henrik emigrierten mit ihren Frauen nach Hamburg. Als 1979 die Serie „Der SS-Arzt und die Kinder" im Magazin „Stern" veröffentlicht wurde, entdeckten die Zylberbergs das Foto von Ruchla unter den Bildern der zwanzig Kinder. Als Ruchla Zylberberg am Bullenhuser Damm ermordet wurde, war sie 8 Jahre alt.

www.kinder-vom-bullenhuser-damm.de

M 21 Alfred Trzebinski (1902–1946)

trat 1932 in die SS und 1933 in die NSDAP ein. 1929–1941 führte er eine Landarztpraxis in Sachsen. Nachdem er seit 1941 Lagerarzt in den Vernichtungslagern Auschwitz und Majdanek war, kam er 1943 als Standortarzt nach Neuengamme. In dieser Funktion war er für die medizinische Versorgung der Haupt- und Nebenlager verantwortlich und an der Einrichtung der Sonderabteilung für die medizinischen Experimente von Kurt Heißmeyer beteiligt. Nach Kriegsende tauchte Trzebinski in Nordfriesland unter. Am 1. Februar 1946 wurde er verhaftet, am 3. Mai 1946 im ersten Curiohaus-Prozess zum Tode verurteilt und am 8. Oktober 1946 hingerichtet. Folgende Sätze hat Trzebinski in seinen Aufzeichnungen hinterlassen. Darin versucht er, seine Rolle bei der Ermordung der Kinder zu rechtfertigen:

„Zu der Kindertragödie: Die Kinder waren nicht zu retten! Denn Himmler hatte ihre Tötung befohlen und kein Mensch in Deutschland hätte mir auch nur helfen können! Hätte ich dieses aber unter Einsatz meines Lebens versucht, dann wäre dies eine schöne, heldenhafte Geste gewesen, aber weiter nichts. Die Kinder wären trotzdem gestorben! Hätte ich aber so gehandelt, dann wäre mein Name hier in dem Prozess noch viel mehr in den Schmutz getreten worden. Pauly hätte dann die Angelegenheit völlig von sich abgewälzt und wahrscheinlich ausgesagt, ich sei der alleinige Urheber und Ausführer gewesen und er habe mich vor ein Kriegsgericht gestellt, weil ich mich gegen seinen Willen an den Kindern vergriff. Denn einem Toten kann man alles nachsagen. Ich kann mir keinen Vorwurf machen, dass ich den Kindern vor ihrer Hinrichtung, die durch andere erfolgte, eine barmherzige Morphiumspritze gab, um ihnen ihre letzte Stunde zu erleichtern. Diese war vielmehr eine humane Tat, der ich mich nicht zu schämen brauche!"

Die Gedenkstätte Bullenhuser Damm, a.a.O., S. 44 f. sowie: Archiv der KZ-Gedenkstätte, Sammlung Günther Schwarberg, 9.1

M 22 Arnold Strippel (1911–1994)

kam aus Unshausen in Hessen und machte eine Lehre als Zimmermann. Er begann seine Laufbahn bei der SS 1934 als Wachmann im Konzentrationslager Sachsenburg. In den folgenden Jahren war er in verschiedenen Konzentrationslagern eingesetzt, unter anderem in Buchenwald, Lublin-Majdanek in Polen, Ravensbrück sowie Vught in den Niederlanden. Arnold Strippel zählte in den Curiohaus-Prozessen 1946 nicht zu den Angeklagten, da er nach Kriegsende untergetaucht war. Angeklagte SS-Leute haben Strippel als Beteiligten an den Morden am Bullenhuser Damm schwer belastet. Nach Aussage Alfred Trzebinskis im ersten Curiohaus-Prozess hatte er den SS-Obersturmführer Arnold Strippel über den Befehl zur Tötung der Kinder informiert. Strippel habe auf dessen Ausführung bestanden. Strippel wurde 1948 festgenommen und vom Landgericht Frankfurt 1949 wegen im KZ Buchenwald begangener Morde zu lebenslangem Zuchthaus verurteilt. Strippel gelang es, eine Wiederaufnahme des Verfahrens zu erreichen, in dem seine Beteiligung an den Tötungen von Häftlingen im KZ Buchenwald nur noch als Beihilfe zum Mord gewertet und mit einer geringen Gefängnisstrafe geahndet wurde. 1969 aus der Haft entlassen, erhielt Strippel mehr als 100.000 DM Haftentschädigung. Die Staatsanwaltschaft Hamburg ermittelte Mitte der 1960er-Jahre gegen Strippel wegen der Morde am Bullenhuser Damm. Dieses Verfahren wurde 1967 „mangels Beweises" eingestellt. Die Ermittlungen wurden auf Initiative der Vereinigung „Kinder vom Bullenhuser Damm e. V." 1980 wieder aufgenommen [...].

1987 stellte das Landgericht Hamburg das Verfahren wegen gutachterlich bescheinigter Verhandlungsunfähigkeit des Beschuldigten ein.

Strippel starb 1994 im Alter von 83 Jahren.

Zit. nach: Die Gedenkstätte Bullenhuser Damm, hrsg. von der KZ-Gedenkstätte Neuengamme, Hamburg 2011, S. 50 f.

Aufgaben

1. ⊙⊙○ Recherchieren Sie die Biografien der anderen Kinder, die am Bullenhuser Damm ermordet wurden. Ordnen Sie deren Schicksal in die allgemeine Geschichte des Zweiten Weltkrieges und der Verfolgung der Juden ein. → Internet, Text
2. ⊙⊙⊙ Arbeiten Sie heraus, wie Alfred Trzebinski seine Tat rechtfertigt. Nehmen Sie zu seiner Aussage Stellung, dass die Verabreichung der Morphiumspritze eine „barmherzige Tat" gewesen sei. → M21
3. ⊙⊙○ Analysieren Sie die Schwierigkeiten, die es bei der Verfolgung der Täter gab. → M21, M22

3. Widerstand gegen das NS-Regime

Was ist Widerstand?

Widerstand gegen die nationalsozialistische Herrschaft gab es vom Beginn des Unrechtsstaates 1933 bis zu seinem Untergang 1945. Aber was bedeutet Widerstand? Die Historiker unterscheiden verschiedene Beweggründe und Ausdrucksformen: den bewusst geführten politischen Kampf gegen Hitler und sein Regime, die Verweigerung im alltäglichen Leben gegenüber den Erwartungen der Nationalsozialisten, religiös motivierte Kritik an der NS-Ideologie, Sabotage oder Protest gegen Maßnahmen der Machthaber und schließlich Attentate auf führende Repräsentanten des Regimes, zum Beispiel gegen Reinhard Heydrich (1942 in Prag) und Adolf Hitler (1939 in München, 1944 im Führerhauptquartier). Die Vielfalt der Erscheinungsformen, Methoden, Motive und Zielsetzungen erfordert eine graduelle und zeitliche Differenzierung, um Möglichkeiten und Grenzen des Widerstands angemessen zu erfassen.

M 1 Die Geschwister Scholl
Auf dem Münchener Bahnhof verabschiedet sich Sophie Scholl von ihrem Bruder Hans (zweiter von links), der an die Ostfront einberufen wurde.

Bedingungen des Widerstands

Die Ausgangsbedingungen für den deutschen Widerstand waren durch mehrere Faktoren erschwert. Vaterlandsliebe, Gehorsam und Pflichterfüllung gehörten zu den „deutschen", insbesondere „preußischen Tugenden", die eine Auflehnung gegen die Staatsgewalt nicht zuließen. Dieser Haltung fühlten sich nicht nur Offiziere, sondern auch Beamte und Richter verpflichtet. Zudem wurde Widerstand im totalitären NS-System vor allem dadurch bekämpft, dass das allgegenwärtige Regime von Anfang an rücksichtslos mit Überwachung, Zwang und Terror durch Polizei und Justiz gegen seine Gegner vorging.

Außerdem ließ sich die Mehrheit der Deutschen durch die außenpolitischen und militärischen Erfolge des Regimes bis in die ersten Kriegsjahre hinein beeindrucken. Angesichts der Popularität Hitlers nach den „Blitzkriegen" gegen Polen und Frankreich hätten widerständige Aktionen kaum Zustimmung im deutschen Volk gefunden.

Auf der anderen Seite bleibt festzuhalten, dass einzelne Täter (z. B. Georg Elser) und Gruppen (z. B. die Geschwister Scholl und Freunde)

Widerstand im Überblick

1933, Mai	Beginn des Kirchenkampfes in der evangelischen Kirche
1933–1936	politisch motivierter Widerstand, insbesondere der KPD, SPD und SAP
1938, Herbst	Putschpläne einer Offiziersgruppe um General Beck während der Sudetenkrise
1939, November	Attentat Georg Elsers auf Hitler in München
1941	Predigten des Bischofs von Galen in Münster gegen die „Euthanasie" (Ermordung der Behinderten)
1942, Mai	Attentat auf SS-Obergruppenführer Heydrich in Prag
1942/43	Flugblatt-Aktionen der „Weißen-Rose" (Geschwister Scholl)
	Zerschlagung der kommunistischen Widerstands- und Spionageorganisation „Rote Kapelle"
1943, Juli	Gründung des „Nationalkomitees Freies Deutschland" in Moskau
1944, 20. Juli	Attentat auf Hitler im Führerhauptquartier

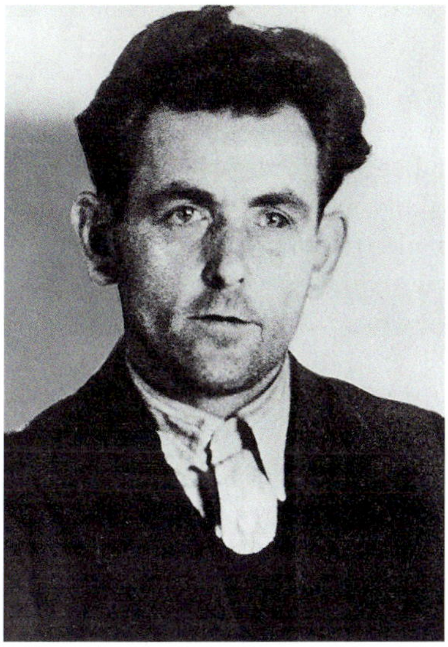

M 2 Georg Elser (1903–1945)
Der Schreiner aus Hermaringen (Württemberg) verübte am 8. November 1939 ein Bombenattentat auf Hitler im Bürgerbräukeller in München. Georg Elser wurde 1945 im Konzentrationslager Dachau ermordet.

M 3 Der zerstörte Bürgerbräukeller in München
nach dem Attentat vom 8. November 1939

durch ihr couragiertes und risikoreiches Handeln einen Beitrag zum Sturz des nationalsozialistischen Regimes und zur Beendigung des Krieges leisten wollten.

Früher Widerstand aus der Arbeiterbewegung

Kommunisten und Sozialdemokraten gehörten 1933 zu den ersten Verfolgten und Opfern des nationalsozialistischen Regimes. Unmittelbar nach dem Reichstagsbrand am 28. Februar 1933 wurden zahlreiche Mitglieder der KPD und SPD sowie der Gewerkschaften verhaftet, in Konzentrationslager verschleppt, misshandelt oder ermordet. Nur mühsam gelang es den verbleibenden Mitgliedern der genannten Organisationen, ihren politisch motivierten Widerstand in kleinen konspirativen Gruppen zu organisieren.

M 4 Bischof Graf von Galen
Der Bischof von Münster kritisierte in seinen Predigten offen die „Euthanasie", Foto um 1945/46.

Widerstand der Kirchen

Die römisch-katholische Kirche missbilligte wesentliche Teile der nationalsozialistischen Ideologie, weil diese nicht mit der christlichen Glaubenslehre in Einklang standen. Trotz des Konkordats, das Hitler 1933 mit dem Vatikan schloss, lehnten viele Katholiken die nationalsozialistische Weltanschauung ab. Als das NS-Regime 1939 begann, Behinderte und Kranke als „lebensunwert" zu ermorden, weckte dies den Widerstand vieler Geistlicher. Clemens August Graf von Galen, der Bischof von Münster, wandte sich in seinen Predigten öffentlich gegen das von Hitler gebilligte „Euthanasie"-Programm.

Ungleich schwieriger war die Situation der evangelischen Landeskirchen, in denen zwei Richtungen miteinander konkurrierten: Während die „Deutschen Christen" mit den Nationalsozialisten kooperierten, vereinigten sich oppositionelle Geistliche im Pfarrernotbund. Aus ihm ging die Bekennende Kirche hervor, die das Bekenntnis zum christlichen Glauben höher stellte als den Gehorsam gegenüber Hitler.

Die „Euthanasie" und Bischof Graf von Galen

M 5 Vorbereitung der „Euthanasie", aus der Dia-Serie „Blut und Boden", die für Schulungszwecke eingesetzt wurde

M 6 Eine Predigt

Aus der Predigt des Bischofs von Münster, Clemens August von Galen, vom 3. August 1941:

Andächtige Christen! In dem am 6. Juli dieses Jahres in allen katholischen Kirchen Deutschlands verlesenen gemeinsamen Hirtenbrief der deutschen Bischöfe vom 26. Juni 1941 heißt es unter anderem: „Gewiss gibt es nach der katholischen Sittenlehre positive Gebote, die nicht mehr verpflichten, wenn ihre Erfüllung mit allzu großen Schwierigkeiten verbunden wäre. Es gibt aber auch heilige Gewissensverpflichtungen, von denen niemand uns befreien kann, die wir erfüllen müssen, koste es, was es wolle, koste es uns das Leben: Nie, unter keinen Umständen darf der Mensch außerhalb des Krieges und der gerechten Notwehr einen Unschuldigen töten." Ich hatte schon am 6. Juli Veranlassung, diesen Worten des gemeinsamen Hirtenbriefes folgende Erläuterung hinzuzufügen: „Seit einigen Monaten hören wir Berichte, dass aus Heil- und Pflegeanstalten für Geisteskranke auf Anordnung von Berlin Pfleglinge, die schon länger krank sind und vielleicht unheilbar erscheinen, zwangsweise abgeführt werden. Regelmäßig erhalten dann die Angehörigen nach kurzer Zeit die Mitteilung, der Kranke sei verstorben, die Leiche sei verbrannt, die Asche könne abgeliefert werden. Allgemein herrscht der an Sicherheit grenzende Verdacht, dass diese zahlreichen unerwarteten Todesfälle von Geisteskranken nicht von selbst eintreten, sondern absichtlich herbeigeführt werden, dass man dabei jener Lehre folgt, die behauptet, man dürfe sogenanntes ‚lebensunwertes Leben' vernichten, also unschuldige Menschen töten, wenn man meint, ihr Leben sei für Volk und Staat nichts mehr wert. Eine furchtbare Lehre, die die Ermordung Unschuldiger rechtfertigen will, die die gewaltsame Tötung der nicht mehr arbeitsfähigen Invaliden, Krüppel, unheilbar Kranken, Altersschwachen grundsätzlich freigibt".
Wie ich zuverlässig erfahren habe, werden jetzt auch in den Heil- und Pflegeanstalten der Provinz Westfalen Listen aufgestellt von solchen Pfleglingen, die als sogenannte ‚unproduktive' Volksgenossen abtransportiert und in kurzer Zeit ums Leben gebracht werden sollen. Aus der Anstalt Marienthal bei Münster ist im Laufe dieser Woche der erste Transport abgegangen!
Deutsche Männer und Frauen! Noch hat Gesetzeskraft der § 211 des Strafgesetzbuches, der bestimmt: „Wer vorsätzlich einen Menschen tötet, wird, wenn er die Tötung mit Überlegung ausgeführt hat, wegen Mordes mit dem Tode bestraft." Wohl um diejenigen, die jene armen Menschen, Angehörige unserer Familien, vorsätzlich töten, vor dieser gesetzlichen Bestrafung zu bewahren, werden die zur Tötung bestimmten Kranken aus der Heimat abtransportiert in eine entfernte Anstalt. Als Todesursache wird dann irgendeine Krankheit angegeben. Da die Leiche sofort verbrannt wird, können die Angehörigen und auch die Kriminalpolizei es hinterher nicht mehr feststellen, ob die Krankheit wirklich vorgelegen hat und welche Todesursache vorlag. Es ist mir aber

versichert worden, dass man im Reichsministerium des Innern und auf der Dienststelle des Reichsärzteführers Dr. Conti gar kein Hehl daraus mache, dass tatsächlich schon eine große Zahl von Geisteskranken in Deutschland vorsätzlich getötet worden ist und in Zukunft getötet werden soll.

Das Reichsstrafgesetzbuch bestimmt in § 139: „Wer von dem Vorhaben ... eines Verbrechens wider das Leben ... glaubhafte Kenntnis erhält und es unterlässt, der Behörde oder dem Bedrohten hiervon zur rechten Zeit Anzeige zu machen, wird ... bestraft."

Als ich von dem Vorhaben erfuhr, Kranke aus Marienthal abzutransportieren, um sie zu töten, habe ich am 28. Juli bei der Staatsanwaltschaft beim Landgericht Münster und bei dem Herrn Polizeipräsidenten in Münster Anzeige erstattet durch eingeschriebenen Brief mit folgendem Wortlaut: „Nach mir zugegangenen Nachrichten soll im Laufe dieser Woche (man spricht vom 31. Juli) eine große Anzahl Pfleglinge der Provinzialheilanstalt Marienthal bei Münster als sogenannte ‚unproduktive Volksgenossen' nach der Heilanstalt Eichberg überführt werden, um dann alsbald, wie es nach solchen Transporten aus anderen Heilanstalten nach allgemeiner Überzeugung geschehen ist, vorsätzlich getötet zu werden. Da ein derartiges Vorgehen nicht nur dem göttlichen und natürlichen Sittengesetz widerstreitet, sondern auch als Mord nach § 211 des Reichsstrafgesetzbuches mit dem Tode zu bestrafen ist, erstatte ich gemäß § 139 des Reichsstrafgesetzbuches pflichtgemäß Anzeige und bitte, die bedrohten Volksgenossen unverzüglich durch Vorgehen gegen die den Abtransport und die Ermordung beabsichtigenden Stellen zu schützen und mir von dem Veranlassten Nachricht zu geben." Nachricht über ein Einschreiten der Staatsanwaltschaft oder der Polizei ist mir nicht zugegangen. [...]

So müssen wir damit rechnen, dass die armen, wehrlosen Kranken über kurz oder lang umgebracht werden. Warum? Nicht weil sie ein todeswürdiges Verbrechen begangen haben, nicht etwa, weil sie ihren Wärter oder Pfleger angegriffen haben, sodass diesem nichts anderes übrigblieb, als dass er zur Erhaltung des eigenen Lebens in gerechter Notwehr dem Angreifer mit Gewalt entgegentrat. Das sind Fälle, in denen neben der Tötung des bewaffneten Landesfeindes im gerechten Kriege Gewaltanwendung bis zur Tötung erlaubt und nicht selten geboten ist.

Nein, nicht aus solchen Gründen müssen jene unglücklichen Kranken sterben, sondern darum, weil sie nach dem Urteil irgendeines Amtes, nach dem Gutachten irgendeiner Kommission ‚lebensunwert' geworden sind, weil sie nach diesem Gutachten zu den ‚unproduktiven' Volksgenossen gehören. Man urteilt: Sie können nicht mehr Güter produzieren, sie sind wie eine alte Maschine, die nicht mehr läuft, sie sind wie ein altes Pferd, das unheilbar lahm geworden ist, sie sind wie eine Kuh, die nicht mehr Milch gibt. Was tut man mit solch alter Maschine? Sie wird verschrottet. Was tut man mit einem lahmenden Pferd, mit solch einem unproduktiven Stück Vieh? Nein, ich will den Vergleich nicht bis zu Ende führen –, so furchtbar seine Berechtigung ist und seine Leuchtkraft! Es handelt sich hier ja nicht um Maschinen, es handelt sich nicht um Pferd oder Kuh, deren einzige Bestimmung ist, dem Menschen zu dienen, für den Menschen Güter zu produzieren! Man mag sie zerschlagen, man mag sie schlachten, sobald sie diese Bestimmung nicht mehr erfüllen. Nein, hier handelt es sich um Menschen, unsere Mitmenschen, unsere Brüder und Schwestern! Arme Menschen, kranke Menschen, unproduktive Menschen meinetwegen. Aber haben sie damit das Recht auf das Leben verwirkt? Hast du, habe ich nur solange das Recht zu leben, solange wir produktiv sind, solange wir von anderen als produktiv anerkannt werden? Wenn man den Grundsatz aufstellt und anwendet, dass man den ‚unproduktiven' Mitmenschen töten darf, dann wehe uns allen, wenn wir alt und altersschwach werden! Wenn man die unproduktiven Mitmenschen töten darf, dann wehe den Invaliden, die im Produktionsprozess ihre Kraft, ihre gesunden Knochen eingesetzt, geopfert und eingebüßt haben! Wenn man die unproduktiven Mitmenschen gewaltsam beseitigen darf, dann wehe unseren braven Soldaten, die als schwer Kriegsverletzte, als Krüppel, als Invaliden in die Heimat zurückkehren! Wenn einmal zugegeben wird, dass Menschen das Recht haben, ‚unproduktive' Mitmenschen zu töten – und wenn es jetzt zunächst auch nur arme, wehrlose Geisteskranke trifft –, dann ist grundsätzlich der Mord an allen unproduktiven Menschen, also an den unheilbar Kranken, den arbeitsunfähigen, Krüppeln, den Invaliden der Arbeit und des Krieges, dann ist der Mord an uns allen, wenn wir alt und altersschwach und damit unproduktiv werden, freigegeben.

Clemens August von Galen, Bischof von Münster: Predigt am 3. 8. 1941, in: Kaufhold, Martin (Hg.), Die großen Reden der Weltgeschichte, 5. Aufl., Wiesbaden 2007, S. 174–187.

Widerstand – Georg Elser

M 7 Ein Attentat auf Hitler (1939)

Der Publizist Jörg von Uthmann erzählt die Geschichte von Georg Elser, einem Attentäter mit gutem Gewissen. Das Attentat schlug nur deshalb fehl, weil Hitler die Veranstaltung im Bürgerbräukeller früher als geplant verlassen hatte:

Die Deutschen sind vermutlich das einzige Volk, das Jahr für Jahr einen misslungenen Anschlag auf das Leben seines Staatsoberhauptes feiert – wobei es nicht das Misslingen des Anschlags ist, das gefeiert wird, sondern der Mut derer, die ihn unternahmen. Nicht allen freilich ist bei diesen Feiern wohl. Hitlers Rundfunkansprache, in der er die Attentäter des 20. Juli 1944 „eine ganz kleine Clique ehrgeiziger, gewissenloser und zugleich verbrecherischer, dummer Offiziere" nannte, wirkt bis heute nach. Sogar den Kriegsgegnern fiel es schwer, die Gründe ernst zu nehmen, aus denen pflichttreue deutsche Beamte Hoch- und Landesverräter wurden. [...] Vor allem trifft es nicht zu, dass sich der Widerstand erst geregt habe, als der Krieg offenkundig verloren war. Das Attentat vom 20. Juli ist kein Einzelfall, sondern der Kulminationspunkt eines Dramas, dessen Hauptdarsteller schon seit Jahren auf der Bühne standen. Addiert man alle Versuche und Vorbereitungshandlungen, deren Ziel die Beseitigung Hitlers war, dann kommt man auf eine Zahl zwischen 40 und 50. Was ihn immer wieder rettete, war gewiss auch Stümperei und mangelnde Entschlossenheit, häufiger aber noch die von ihm so gern beschworene „Vorsehung", die ihm durch eine Reihe schier unglaublicher Zufälle zu Hilfe kam.

Ein klassisches Beispiel ist der Anschlag des Möbeltischlers Johann Georg Elser im Münchner „Bürgerbräukeller". Die Bierwirtschaft war eine der heiligen Stationen des nationalsozialistischen Leidensweges. Am 8. November 1923 war hier der Marsch zur Feldherrnhalle beschlossen worden, bei dem sechzehn Parteigenossen ihr Leben ließen. Seit 1933 spielte sich jedes Jahr das gleiche Ritual ab: Am Abend des 8. November hielt Hitler im „Bürgerbräukeller" eine anderthalbstündige Rede, bevor am nächsten Tag, dem Karfreitag der Bewegung, die „Alten Kämpfer" vor dem Haus zum Erinnerungsmarsch antraten.

Elser, ein verschlossener Einzelgänger und begabter Tüftler, hatte eine Zeitlang dem „Roten Frontkämpferbund" angehört, war aber auch hier isoliert geblieben. Im Herbst 1938, zurzeit des Münchner Abkommens, reifte in ihm der Entschluss, Hitler umzubringen. Aus seinem Heimatdorf Königsbronn (bei Heidenheim) fuhr er in die bayerische Hauptstadt, um sich nach einem geeigneten Ort umzusehen. Seine Wahl fiel auf den „Bürgerbräukeller". In seine Heimat zurückgekehrt, verdingte er sich zum allgemeinen Erstaunen als Hilfsarbeiter in einem Steinbruch. Den übrigen Arbeitern fiel nicht auf, dass ihr schweigsamer Kollege systematisch Sprengstoff entwendete. Nach einigen Monaten hatte Elser die zehn Kilo „Donarit" zusammen, die er nach seinen Berechnungen benötigte. Zu Ostern war er ein zweites Mal in München gewesen und hatte die Räumlichkeiten fotografiert. Dabei war ihm aufgefallen, dass neben der Rednertribüne ein holzgetäfelter Stützpfeiler stand. Hier, entschied er, werde er seine Höllenmaschine installieren. Im August 1939 verkaufte Elser seine bescheidene Habe und siedelte nach München um. Sein Vermieter, ein Tapezierer in der Türkenstraße, wunderte sich, dass sein Gast tagsüber schlief und nachts so gut wie niemals zu Hause war. Er arbeite an einer Erfindung, antwortete Elser geheimnisvoll, als ihn der Tapezierer befragte. In Wahrheit verbrachte er seine Nächte am Tatort. Nachdem er gegessen und gezahlt hatte, versteckte er sich in einer Rumpelkammer, wo er die Schließung des Lokals abwartete. Danach machte er sich an die Arbeit. 30 bis 35 Nächte, schätzte er später, habe es ihn gekostet, um den Sprengsatz und den Zündmechanismus in die Säule einzubauen. [...] Danach bestieg er den Zug nach Konstanz, um von dort aus die sichere Schweiz zu gewinnen. [...]

Elser wurde gefasst, als er versuchte, über den Grenzzaun zu klettern. Zum Verhängnis wurde ihm, dass er eine Ansichtskarte des „Bürgerbräukellers" bei sich trug. Kellnerinnen identifizierten den schwäbelnden Stammgast. Dass er allein gehandelt habe, wollte Hitler freilich nicht glauben. Er war überzeugt davon, dass die Engländer hinter dem Anschlag standen. Unter Himmlers persönlicher Aufsicht wurde Elser gefoltert. Später versuchte es die Gestapo mit Pervitin-Spritzen und einem Hypnotiseur, um ihn zum Sprechen zu bringen. Aber es half nichts: Hitler musste auf den geplanten Schauprozess verzichten. Elser kam in das KZ Sachsenhausen, später nach Dachau, wo er wenige Tage vor der Befreiung des Lagers erschossen wurde.

J. v. Uthmann, Attentat, Mord mit gutem Gewissen, Berlin 1996, S. 133 ff.

Kommilitoninnen! Kommilitonen!

Erschüttert steht unser Volk vor dem Untergang der Männer von Stalingrad. Dreihundertdreissigtausend deutsche Männer hat die geniale Strategie des Weltkriegsgefreiten sinn- und verantwortungslos in Tod und Verderben gehetzt. Führer, wir danken dir!

Es gärt im deutschen Volk: Wollen wir weiter einem Dilettanten das Schicksal unserer Armeen anvertrauen? Wollen wir den niedrigen Machtinstinkten einer Parteiclique den Rest der deutschen Jugend opfern? Nimmermehr Der Tag der Abrechnung ist gekommen, der Abrechnung unserer deutschen Jugend mit der verabscheuungswürdigsten Tyrannis, die unser Volk je erduldet hat. Im Namen der ganzen deutschen Jugend fordern wir von dem Staat Adolf Hitlers die persönliche Freiheit, das kostbarste Gut des Deutschen zurück, um das er uns in der erbärmlichsten Weise betrogen hat.

In einem Staat rücksichtsloser Knebelung jeder freien Meinungsäusserung sind wir aufgewachsen. HJ, SA, SS haben uns in den fruchtbarsten Bildungsjahren unseres Lebens zu uniformieren, zu revolutionieren, zu narkotisieren versucht. „Weltanschauliche Schulung" hiess die verächtliche Methode, das aufkeimende Selbstdenken und Selbstwerten in einem Nebel leerer Phrasen zu ersticken. Eine Führerauslese, wie sie teuflischer und bornierter zugleich nicht gedacht werden kann, zieht ihre künftigen Parteibonzen auf Ordensburgen zu gottlosen, schamlosen und gewissenlosen Ausbeutern und Mordbuben heran, zur blinden, stupiden Führergefolgschaft. Wir „Arbeiter des Geistes" wären gerade recht, dieser neuen Herrenschicht den Knüppel zu machen. Frontkämpfer werden von Studentenführern und Gauleiteraspiranten wie Schuljungen gemassregelt, Gauleiter greifen mit geilen Spässen den Studentinnen an die Ehre. Deutsche Studentinnen haben an der Münchner Hochschule auf die Besudelung ihrer Ehre eine würdige Antwort gegeben, deutsche Studenten haben sich für ihre Kameradinnen eingesetzt und standgehalten. Das ist ein Anfang zur Erkämpfung unserer freien Selbstbestimmung, ohne die geistige Werte nicht geschaffen werden können. Unser Dank gilt den tapferen Kameradinnen und Kameraden, die mit leuchtendem Beispiel vorangegangen sind!

Es gibt für uns nur eine Parole: Kampf gegen die Partei! Heraus aus den Parteigliederungen, in denen man uns politisch weiter mundtot halten will! Heraus aus den Hörsälen der SS- Unter- oder Oberführer und Parteikriecher! Es geht uns um wahre Wissenschaft und echte Geistesfreiheit! Kein Drohmittel kann uns schrecken, auch nicht die Schliessung unserer Hochschulen. Es gilt den Kampf jedes einzelnen von uns um unsere Zukunft, unsere Freiheit und Ehre in einem seiner sittlichen Verantwortung bewussten Staatswesen.

Freiheit und Ehre! Zehn lange Jahre haben Hitler und seine Genossen die beiden herrlichen deutsche Worte bis zum Ekel ausgequetscht, abgedroschen, verdreht, wie es nur Dilettanten vermögen, die die höchsten Werte einer Nation vor die Säue werfen. Was ihnen Freiheit und Ehre gilt, haben sie in zehn Jahren der Zerstörung aller materiellen und geistigen Freiheit, aller sittlichen Substanz im deutschen Volk genugsam gezeigt. Auch dem dümmsten Deutschen hat das furchtbare Blutbad die Augen geöffnet, das sie im Namen von Freiheit und Ehre der deutschen Nation in ganz Europa angerichtet haben und täglich neu anrichten. Der deutsche Name bleibt für immer geschändet, wenn nicht die deutsche Jugend endlich aufsteht, rächt und sühnt zugleich, seine Peiniger zerschmettert und ein neues, geistiges Europa aufrichtet.

Studentinnen! Studenten! Auf uns sieht das sieht das deutsche Volk! Von uns erwartet es, wie 1813 die Brechung des Napoleonischen, so 1943 die Brechung des nationalsozialistischen Terrors aus der Macht des Geistes.

Beresina und Stalingrad flammen im Osten auf, die Toten von Stalingrad beschwören uns!

„Frisch auf, mein Volk, die Flammenzeichen rauchen!"

Unser Volk steht im Aufbruch gegen die Verknechtung Europas durch den
43 Nationalsozialismus, im neuen gläubigen Durchbruch von Freiheit und Ehre!

M 8 **Flugblatt der „Weißen Rose"**
Faksimile des letzten Flugblattes vom Februar 1943

„Resistenz" – Mit einer wissenschaftlichen Darstellung arbeiten

M 9 Resistenz

Die Historiker Martin Broszat und Elke Fröhlich schreiben über den Begriff „Resistenz" (1987):

Der zweite Haupttypus des Widerstandes im Dritten Reich lässt sich im Begriff der Resistenz zusammenfassen. Darunter fallen alle jenen Formen der Verweigerung, des individuellen oder kollektiven Protests bzw. der Dissidenz oder Nonkonformität, die sich gegen bestimmte weltanschauliche, disziplinare oder organisatorische Maßnahmen und Zumutungen des NS-Regimes richteten. Von der politischen Fundamentalopposition unterschied sich diese Resistenz dadurch, dass sie sich nicht grundsätzlich gegen das NS-Regime richtete oder jedenfalls solche grundsätzliche Gegnerschaft nicht erkennen ließ, dass sie in der Regel nur aus partieller Opposition bestand, keineswegs immer politisch motiviert war und häufig primär der Wahrung individueller und sozialer Interessen, der Aufrechterhaltung relativer Autonomie in kirchlich-religiösen, geistig-kulturellen, wirtschaftlich-sozialen oder in sonstigen beruflichen oder privaten Lebensbereichen diente. Ihre Bedeutung bestand darin, dass sie gegenüber der tendenziell totalitären Ausdehnung des nationalsozialistischen Weltanschauungs- und Organisationsanspruchs Bezirke relativer Immunität und Selbstbestimmung zu erhalten vermochte, in denen nicht-nationalsozialistische Wertetraditionen weiterhin zur Geltung kamen.

Auch diese Form des Widerstandes gab es während der gesamten Dauer des Dritten Reiches. Aber sie war doch am typischsten in der Konsolidierungs- und Erfolgsphase des NS-Regimes zwischen 1934/35 und 1940/41, als die Formen konspirativer Verschwörung quantitativ nur noch eine geringe Rolle spielten. In gewisser Weise kann man, auch in Analogie zu den begrenzten Möglichkeiten und Artikulationsformen der Opposition unter anderen totalitären Systemen, die Resistenz als die eigentliche typologische Entsprechung des erfolgreichen nationalsozialistischen Totalitarismus bezeichnen.

Die Erscheinungsformen der Resistenz waren außerordentlich vielfältig. Zu ihr gehörte auch das Verhalten derjenigen demokratischen Politiker und Aktivisten der Weimarer Zeit, die nach 1933 in die innere Emigration gingen, ohne aktive Beteiligung am NS-Regime in eine unauffällige beruflich-soziale Existenz flüchteten und unter Aufrechterhaltung ihrer Gesinnung und zum Teil auch des Kontakts mit Gesinnungsfreunden im Wesentlichen nur noch eine attentive [aufmerksame] Haltung des Überleben- und Überdauernwollens einnahmen. Manche von ihnen figurierten später in den Plänen der Verschwörer vom 20. Juli als politische Beauftragte für ein Deutschland nach Hitler, obwohl sie in die Verschwörung gar nicht eingeweiht waren und sich auch am aktiven Widerstand gar nicht beteiligt hatten. Die Nazis selbst registrierten dieses Resistenzpotenzial auf ihre Weise, indem sie im August 1944 im Rahmen der sogenannten „Aktion Gewitter" einige Tausend dieser ehemaligen Mandatare und Spitzenfiguren der früheren demokratischen Parteien prophylaktisch für einige Wochen oder Monate in Schutzhaft nahmen.

Zur Resistenz gehörten schließlich vor allem die zahlreichen kirchlich-religiösen Formen des Widerstands auf katholischer und evangelischer Seite aus den verschiedensten Anlässen und in den verschiedenen Phasen des Kirchenkampfes. Hier vor allem nahm die Resistenz oft kollektive Formen des massiven Volksprotestes oder demonstrativer Nonkonformität an, wenn beispielsweise fränkische protestantische Bauern 1934 anlässlich der Arrestierung des evangelischen Landesbischofs unter Führung ihrer Geistlichen zu Massenprotestkundgebungen zusammenkamen, wenn im Rheinland oder in Westfalen die Mitglieder verbotener katholischer Laienorganisationen unter Beteiligung von Zehntausenden von Gläubigen Massenwallfahrten nach Köln, Mainz, Münster oder Osnabrück veranstalteten oder wenn die stillschweigende Versammlung Tausender frommer Katholiken vor dem Domplatz in Münster im Jahre 1941 den mutigen regimekritischen Predigten ihres Bischofs Graf Galen demonstrative Unterstützung lieh. Gerade auf kirchlich-religiösem Gebiet war die Resistenz vielfach erfolgreich. Sie zwang das NS-Regime verschiedentlich zurückzustecken. Spektakulärstes Beispiel ist die vor allem aufgrund der kirchlichen Proteste 1941 erfolgte Einstellung zwar nicht aller, aber doch der grauenhaftesten Tötungsaktionen im Rahmen der sogenannten Euthanasie. Gerade bei diesem kirchlich-religiösen Widerstand zeigte sich jedoch oft auch die Problematik nur partieller Resistenz und auch manche Ambivalenz ihrer Wirkung. Kritische Predigten von Pfarrern oder Bischöfen, die sich unter Berufung auf Hitler gegen Alfred

Rosenberg oder die Deutschen Christen wandten, vermochten mittelbar auch dazu beizutragen, den falschen Nimbus Hitlers als obersten neutralen Schiedsrichters zu stärken, bischöfliche Kritik am gottlosen Bolschewismus vermochte mittelbar z. B. die faschistische Intervention im Spanischen Bürgerkrieg zu rechtfertigen. Durch die vorsichtige Beschränkung kirchlicher Hilfe auf getaufte Juden beraubte sich die Kirche selbst der Möglichkeit grundsätzlichen Protests gegen die nationalsozialistische Judenverfolgung. In der kirchlich-religiösen Kritik an manchen nationalsozialistischen Bestrebungen und Aktivitäten mischten sich im Übrigen häufig berechtigte religiöse mit obsoleten sozialkonservativen Beharrungskräften. Das fand z. B. Ausdruck im Sozialkonflikt zwischen Pfarrer und Lehrer im katholischen Dorf oder in der Auseinandersetzung zwischen Hitlerjugend und Kirche bzw. kirchlich gebundener Eltern- und Lehrerschaft.

Martin Broszat/Elke Fröhlich, Alltag und Widerstand – Bayern im Nationalsozialismus, München/Zürich 1987, S. 61 ff.

Aufgaben

1. ⊙⊙○ Erstellen Sie eine tabellarische Übersicht, in die Sie (horizontal) die verschiedenen Träger des Widerstandes und (vertikal) ihren Aktionszeitraum, ihre Motive bzw. Ziele sowie die gewählten politischen Aktionsformen eintragen.
   → Text
2. a) ⊙⊙○ Erläutern Sie anhand der Abbildung M5 den Begriff „Euthanasie" sowie die Pläne, die die Nationalsozialisten damit verfolgten.
   b) ⊙⊙○ Fassen Sie die Aussagen von Bischof Galen zusammen und arbeiten Sie dabei seine weltanschauliche Position heraus.
   c) ⊙⊙○ Analysieren Sie die Argumentation in seiner Predigt.
   d) ⊙⊙⊙ Nehmen Sie Stellung zu der Frage, ob die Predigt von Bischof Galen ein Akt des Widerstandes war.
   → M5, M6
3. a) ⊙⊙○ Charakterisieren Sie das Bild, das der Publizist Jörg von Uthmann vom Hitler-Attentäter Georg Elser zeichnet.
   b) ⊙⊙⊙ Erörtern Sie – ausgehend vom Fall Elser – die grundsätzliche Frage, ob bzw. unter welchen Umständen „Tyrannenmord" erlaubt oder sogar geboten ist.
   → M7
4. a) ⊙○○ Entziffern Sie das Flugblatt der „Weißen Rose".
   b) ⊙⊙○ Erläutern Sie, welche Rückschlüsse auf die Bedingungen des Widerstandes sich aus der äußeren Form ergeben.
   c) ⊙⊙⊙ Überprüfen Sie, ob die Ansprache der Mitstudenten („Kommilitoninnen! Kommilitonen!") Erfolg versprechend war.
   d) ⊙⊙⊙ Sophie Scholl wird in Filmen immer wieder als Heldin des Widerstandes gezeigt. Erläutern Sie anhand eines selbst gewählten Filmes, wie sie in diesem dargestellt wird. Überprüfen Sie, ob das filmische Bild dabei ihrem Wirken gerecht wird.
   → M8
5. a) ⊙⊙○ Erläutern Sie anhand des Textes von Martin Broszat und Elke Fröhlich, was unter dem Begriff „Resistenz" zu verstehen ist.
   b) ⊙⊙○ Arbeiten Sie Begriffe und Beispiele heraus, die sich auf den Widerstand gegen den Nationalsozialismus beziehen. Erstellen Sie daraus eine Übersicht, aus der die verschiedenen Verhaltensweisen gegenüber der NS-Diktatur deutlich werden.
   → M9

4. Ein Fallbeispiel: Das Militär zwischen Anpassung und Widerstand

Hitler offenbart seine Absichten am 3. Februar 1933

Das Spannungsverhältnis zwischen Anpassung und Widerstand lässt sich besonders deutlich am Beispiel des Militärs nachweisen, weil die Widerstandsaktivitäten der national und konservativ gesinnten Kreise in Militär und Diplomatie aus einer ursprünglichen Kooperation mit dem Regime erwuchsen – anders, als der frühe Widerstand der Arbeiterparteien und der Kirchen. Zur Umsetzung seiner langfristigen Ziele in der Außenpolitik benötigte Hitler die Zustimmung der Armeeführung. Um deren Loyalität zu gewinnen, traf er sich schon wenige Tage nach der Regierungsübernahme zu einer vertraulichen Besprechung mit den Befehlshabern der Reichswehr. Vor diesem Gremium erklärte Hitler am 3. Februar 1933 die „Wiedergewinnung der politischen Macht" im Inneren und nach außen zum Ziel seiner „Gesamtpolitik". Dazu müssten u. a. folgende Voraussetzungen erfüllt werden:

- Einführung der allgemeinen Wehrpflicht,
- „Ausrottung des Marxismus mit Stumpf und Stiel",
- „Beseitigung des Krebsschadens der Demokratie".

Nach Rückgewinnung der politischen Macht in der Außenpolitik sollte die „Eroberung neuen Lebensraumes im Osten und dessen rücksichtslose Germanisierung" folgen. Hitlers Absichtserklärung zum Aufbau der Wehrmacht entsprach den Wünschen der Befehlshaber. Seinerseits konnte er erwarten, dass seine innenpolitischen Vorhaben, insbesondere die Ausschaltung der Sozialisten und Pazifisten, die Zustimmung der Reichswehrführung fanden. Die Besprechung zwischen Hitler und der Reichswehrführung ist für die Geschichtswissenschaft von herausragender Bedeutung. Da das Treffen in vertraulicher Atmosphäre stattfand und die Aufzeichnung nicht zur Veröffentlichung bestimmt waren, legte Hitler seine Zielsetzungen und Pläne in der Innen- und Außenpolitik unumwunden offen. Die Reichswehr unterstützte ihn von Anfang an.

Der Eid auf Hitler

Am 2. August 1934 verstarb der greise Reichspräsident Paul von Hindenburg (1847–1934). Hitler eignete sich sofort dessen bisherige Befugnisse an, darunter auch den Oberbefehl über die Reichswehr. Unverzüglich ließ er die Soldaten, deren Eidesformel zuvor der Weimarer Reichsverfassung gegolten hatte, auf seine Person vereidigen. Begünstigt wurde dieser verfassungswidrige Akt durch die Zustimmung einiger Generäle, die Hitler noch fester an die Reichswehr binden wollten. Einige Jahre später sollten manche der zum Gehorsam erzogenen Offiziere aufgrund dieses Eides vor erheblichen Gewissenskonflikten stehen. Der Eid erschwerte sicherlich auch den Weg zum militärischen Widerstand gegen Hitler, besonders vor dem Attentat am 20. Juli 1944.

M 1 Der „Fahneneid"
Einen Tag nach dem Tod von Reichspräsident Hindenburg 1934 hatte Adolf Hitler die Wehrmacht mit einem neuen Eid auf sich vereidigen lassen.

FAHNENEID

Ich schwöre bei GOTT diesen heiligen Eid, daß ich dem Führer des Deutschen Reiches und Volkes ADOLF HITLER, dem Obersten Befehlshaber der Wehrmacht, unbedingten Gehorsam leisten und als tapferer Soldat bereit sein will, jederzeit für diesen Eid mein Leben einzusetzen.

Zitat aus:

Rüdiger von Voss, Aufstand des Gewissens. Katalog zur Wanderausstellung des Militärgeschichtlichen Forschungsamtes, Bonn 1984.

Die Wehrmacht im „Dritten Reich"

Das Verhältnis der Armeeführung zu Hitler und zur NSDAP hatte zahlreiche Aspekte und durchlief mehrere Stadien. Rüdiger von Voss, der Sohn eines Widerstandskämpfers aus den Reihen des Militärs, charakterisiert dies so: „Ein Zwiespalt bestand von Anfang an. Aber er wurde überdeckt. Unbestreitbar hat Hitler durch die Reichswehr Hilfe zur Machtergreifung bekommen. In politischen und moralischen Fragen setzte das Heer in den ersten Jahren des NS-Regimes die Maxime [oberste Regel] des ‚Sich-Heraushaltens' [aus der Politik] fort, die es in der Weimarer Republik übernommen hatte. Dies führte zu schweren Unterlassungssünden, zu Korrumpierungen der oberen Führung, die später nicht mehr zu reparieren waren." Gemeint waren in diesem Zusammenhang die von Hitler 1934 veranlasste Ermordung seiner innenpolitischen Gegner, z. B. des früheren Generals und Reichskanzlers von Schleicher, und das Schweigen der Reichswehrführung zu diesen Verbrechen. Ihren schlimmsten Rückgratverlust haben die Heeresführer aber „durch die materielle Korrumpierung, durch die Geld- und Landgeschenke [gezeigt], mit denen sich manche Marschälle für ihre Haltung durch Hitler belohnen ließen".

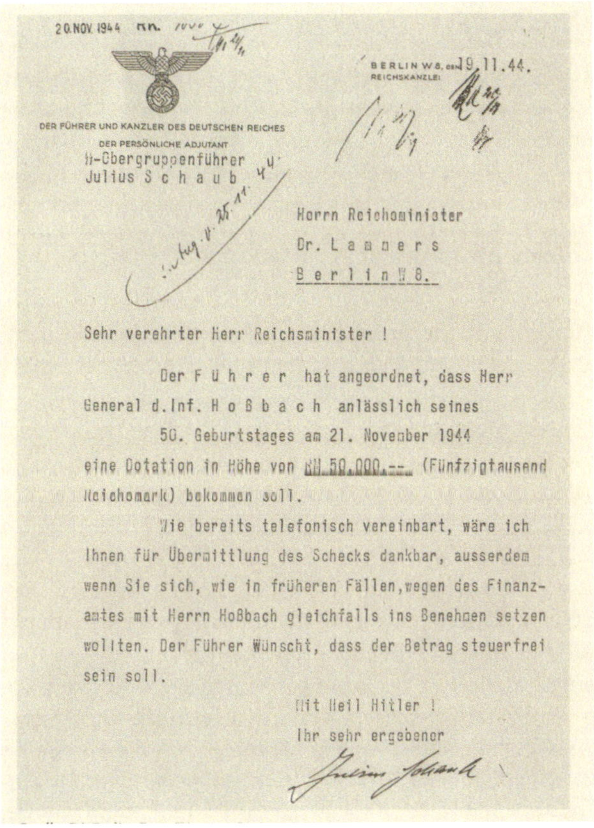

20. NOV. 1944

DER FÜHRER UND KANZLER DES DEUTSCHEN REICHES
DER PERSÖNLICHE ADJUTANT
SS-Obergruppenführer
Julius S c h a u b

BERLIN W 8, den 19.11.44.
REICHSKANZLEI

Herrn Reichsminister
Dr. L a m m e r s
B e r l i n W 8.

Sehr verehrter Herr Reichsminister !

Der F ü h r e r hat angeordnet, dass Herr General d.Inf. H o ß b a c h anlässlich seines 50. Geburtstages am 21. November 1944 eine Dotation in Höhe von RM 50.000.-- (Fünfzigtausend Reichsmark) bekommen soll.

Wie bereits telefonisch vereinbart, wäre ich Ihnen für Übermittlung des Schecks dankbar, ausserdem wenn Sie sich, wie in früheren Fällen, wegen des Finanzamtes mit Herrn Hoßbach gleichfalls ins Benehmen setzen wollten. Der Führer wünscht, dass der Betrag steuerfrei sein soll.

Mit Heil Hitler !
Ihr sehr ergebener
Julius Schaub

M 2 Dotation für den General der Infanterie Hoßbach
Schreiben von SS-Obergruppenführer Schaub an Reichsminister Lammers, 19.11.1944

M 3 Sonderzahlungen an die militärischen Führungseliten
Liste der Generalfeldmarschälle (Großadmirale) und Generalobersten (Generaladmirale, SS-Obergruppenführer der Waffen-SS), die 1944 monatlich 4000 bzw. 2000 RM erhielten (Auswahl):

Name	Rang	Name	Rang
Keitel	GFM	Guderian	GenO.
von Brauchitsch	GFM	Harpe	GenO.
von Rundstedt	GFM	Rendulic	GenO.
von Bock	GFM	Raus	GenO.
Ritter von Leeb	GFM	Raus	GenO.
List	GFM	Frießner	GenO.
von Küchler	GFM	Dietrich	SS-OGruf.
von Manstein	GFM	Hausser	SS-OGruf.
von Kleist	GFM	Schniewind	GenAdm.
Busch	GFM	Warzecha	GenAdm.
Freiherr von Weichs	GFM	Boehm	GenAdm.
Model	GFM	Kummetz	GenAdm.
Raeder	GAdm.	Stumpff	GenO.
Dönitz	GAdm.	Keller	GenO.
Milch	GFM	Löhr	GenO.
Sperrle	GFM	Loerzer	GenO.
Kesselring	GFM	Deßloch	GenO.
Freiherr von Richthofen	GFM	Sudent	GenO.
Halder	GenO.	Ritter von Greim	GenO.

BA Berlin, R 43 III/1621, S. 6f.; R 43 III/1565, S. 144.

Es ist eine offenkundige Tatsache, dass sich viele Adlige, die traditionell im Militär führende Positionen innehatten, offen zum Nationalsozialismus bekannt und Hitler lange Zeit die Treue gehalten haben. Insofern ließe sich aus ihrer Sicht der 20. Juli auch als „Aufstand des schlechten Gewissens" bezeichnen, meint der angesehene Militärhistoriker Gerd Ueberschär.

Fallstudie Militär – Die Besprechung vom 3. Februar 1933

M 4 Hitler vor Generälen der Wehrmacht

Protokoll der Besprechung Hitlers mit den Befehlshabern der Reichswehr am 3.2.1933 im Haus des Generals Hammerstein in Berlin:

Ziel der Gesamtpolitik allein: Wiedergewinnung der politischen Macht. Hierauf muss gesamte Staatsführung eingestellt werden (alle Ressorts!). 1. Im Innern. Völlige Umkehrung der gegenwärtigen innenpolitischen Zustände in D[eutschland]. Keine Duldung der Betätigung irgendeiner Gesinnung, die dem Ziel entgegensteht (Pazifismus!). Wer sich nicht bekehren lässt, muss gebeugt werden. Ausrottung des Marxismus mit Stumpf und Stiel. Einstellung der Jugend u[nd] des ganzen Volkes auf den Gedanken, dass nur der Kampf uns retten kann und diesem Gedanken gegenüber alles zurückzutreten hat. (Verwirklicht in den Millionen der Nazi-Bewegung. Sie wird wachsen.) Ertüchtigung der Jugend und Stärkung des Wehrwillens mit allen Mitteln. Todesstrafe für Landes- und Volksverrat. Straffste autoritäre Staatsführung. Beseitigung des Krebsschadens der Demokratie!
2. Nach außen. Kampf gegen Versailles. Gleichberechtigung in Genf; aber zwecklos, wenn Volk nicht auf Wehrwillen eingestellt. Sorge für Bundesgenossen.
3. Wirtschaft! Der Bauer muss gerettet werden! Siedlungspolitik! Künftige Steigerung der Ausfuhr zwecklos. Aufnahmefähigkeit der Welt ist begrenzt und Produktion ist überall übersteigert. Im Siedeln liegt einzige Möglichkeit, Arbeitslosenheer z. T. wieder einzuspannen. Aber braucht Zeit und radikale Änderung nicht zu erwarten, da Lebensraum für d[eutsches] Volk zu klein.
4. Aufbau der Wehrmacht wichtigste Voraussetzung für Erreichung des Ziels: Wiedererringung der politischen Macht. Allgemeine Wehrpflicht muss wieder kommen. Zuvor aber muss Staatsführung dafür sorgen, dass die Wehrpflichtigen vor Eintritt nicht schon durch Pazifismus, Marxismus, Bolschewismus vergiftet werden oder nach Dienstzeit diesem Gifte verfallen.
Wie soll politische Macht, wenn sie gewonnen ist, gebraucht werden? Jetzt noch nicht zu sagen. Vielleicht Erkämpfung neuer Export-Möglichkeiten, vielleicht – und wohl besser – Eroberung neuen Lebensraums im Osten und dessen rücksichtslose Germanisierung. Sicher, dass erst mit politischer Macht und Kampf jetzige wirtschaftliche Zustände geändert werden können. Alles, was jetzt geschehen kann – Siedlung – Aushilfsmittel. Wehrmacht wichtigste und sozialistischste Einrichtung des Staates. Sie soll unpolitisch und überparteilich bleiben. Der Kampf im Innern nicht ihre Sache, sondern der Nazi-Organisationen. Anders wie in Italien keine Verquickung von Heer und SA beabsichtigt. – Gefährlichste Zeit ist die des Aufbaus der Wehrmacht. Da wird sich zeigen, ob F[rankreich] Staatsmänner hat; wenn ja, wird es uns Zeit nicht lassen, sondern über uns herfallen (vermutlich mit Ost-Trabanten).

Zit. nach: Jacobsen/Jochmann (Hg.), Ausgewählte Dokumente zur Geschichte des Nationalsozialismus 1933–1945, Bielefeld 1961.

M 5 Ein Kommentar

Der Historiker Andreas Wirsching schreibt über die Besprechung vom 3. Februar 1933 (2001):

Das Zusammentreffen vom 3. Februar 1933 besiegelte das „Bündnis" zwischen Hitler und der neuen Reichswehrführung um Reichswehrminister Werner von Blomberg und den Chef des Ministeramtes, Walther von Reichenau. Einerseits garantierte Hitler der Reichswehr ihre „überparteiliche" Stellung und versprach, die Wiederaufrüstung zu forcieren. Zugleich übernahm er die Verantwortung für die „politisch" komplementäre Aufgabe, die deutsche Nation und die deutsche Jugend zur Wehrhaftigkeit zu erziehen; andererseits erfolgte von seiten der beteiligten Generale keine grundsätzliche Einrede oder gar Opposition gegen Hitlers Vorstellungen. Die mit dem Nationalsozialismus sympathisierenden Blomberg und Reichenau konnten sich dadurch bestätigt fühlen. Zumindest „e silentio" hatte die Generalität am 3. Februar ihren neuen Kurs zugelassen, der gegenüber dem Nationalsozialismus auf eine Nichteinmischung, faktisch aber auf eine Art Option für ihn hinauslief. Mit der Rede war gleichsam die „Achse Hitler-Blomberg" begründet worden. Zugleich hat die Forschung immer wieder ihre Verwunderung darüber ausgedrückt, dass Hitler auf seine Rede keinen Widerspruch erfuhr. Zwar blieb das Echo geteilt, aber von einer eindeutigen Stellungnahme insbesondere gegen Htlers abenteuerliche, den Krieg bewusst einkalkulierende „Lebensraum"-Vision ist nichts bekannt.

Andreas Wirsching, „Man kann nur Boden germanisieren", Vierteljahrshefte für Zeitgeschichte 49 (2001), S. 517 ff.

Fallstudie Militär – Massenerschießungen von Juden in der Sowjetunion 1941

M 6 Massenerschießungen

Viele deutsche Soldaten konnten die Massenmorde der SS- und Polizeieinheiten an Juden in der besetzten Sowjetunion mit ansehen. Die Geheimhaltung war hier nur begrenzt. Hier ein Beispiel von Franz Josef Strauß, der als Offizier der Wehrmacht im Juli 1941 Augenzeuge bei einer Massenerschießung war. Aus seinen Memoiren von 1988:

Wenige Tage später – wir liegen noch in der gleichen Stellung, neben uns ein größeres Waldstück – krachen ununterbrochen Feuerstöße aus einer Maschinenpistole. Wir machen uns auf, wollen sehen, was los ist im Wald. Hinter den Bäumen eine Szene des Schreckens: Zusammengetriebene Juden, kommunistische Funktionäre, unschuldige Menschen mussten mit dem Spaten eine Grube ausheben, vielleicht 50 Meter in der Länge und zwei in der Breite. Die Gefangenen standen da zu vielen Hunderten, vielleicht auch Tausenden – die Erschießungen erstreckten sich über mehrere Tage. Sie mussten sich hinknien vor der Grube, dann ging ein junger SS-Mann, vielleicht 18 Jahre und sternhagelblau, mit der Maschinenpistole von Kopf zu Kopf, drückte ab, die Toten fielen in die Grube. War eine Lage voll, wurde Erde darauf geworfen, das Morden ging weiter.

Franz Josef Strauß, Die Erinnerungen, Berlin 1988, S. 48.

M 7 Rechtfertigung

Als die Massenmorde an Juden in der besetzten Sowjetunion im Sommer 1941 auf Frauen und Kinder ausgeweitet wurden, regte sich unter den deutschen Soldaten vereinzelt Kritik. Deshalb erließen mehrere Oberbefehlshaber Anweisungen, die die Verbrechen rechtfertigen sollten, wie der Befehl des Oberkommandierenden der 6. Armee, Walter von Reichenau, vom 10. Oktober 1941. Reichenau stand dem NS-Regime besonders nahe:

Hinsichtlich des Verhaltens der Truppe gegenüber dem bolschewistischen System bestehen vielfach noch unklare Vorstellungen. Das wesentlichste Ziel des Feldzuges gegen das jüdisch-bolschewistische System ist die völlige Zerschlagung der Machtmittel und die Ausrottung des asiatischen Einflusses im europäischen Kulturkreis. Hierdurch entstehen auch für die Truppe Aufgaben, die über das hergebrachte einseitige Soldatentum hinausgehen. Der Soldat ist im Ostraum nicht nur ein Kämpfer nach den Regeln der Kriegskunst, sondern auch Träger einer unerbittlichen völkischen Idee und der Rächer für alle Bestialitäten, die deutschem und artverwandtem Volkstum zugefügt wurden. Deshalb muss der Soldat für die Notwendigkeit der harten, aber gerechten Sühne am jüdischen Untermenschentum volles Verständnis haben. Sie hat den weiteren Zweck, Erhebungen im Rücken der Wehrmacht, die erfahrungsgemäß stets von Juden angezettelt wurden, im Keime zu ersticken.

Zit. nach: Gerd R. Ueberschär/Wolfram Wette (Hg.), Unternehmen Barbarossa. Der deutsche Überfall auf die Sowjetunion 1941. Berichte, Analysen, Dokumente, Paderborn u.a. 1984, S. 339 f.

M 8 Gaffer beim Judenmord

Die Originalbeschriftung des Fotos lautete: „Juden beim Grabschaufeln." Die Massenmorde an Juden in der besetzten Sowjetunion fanden oft in aller Öffentlichkeit statt. Viele Soldaten fotografierten die Verbrechen sogar, Foto von 1941, vermutlich in der Ukraine.

Fallstudie Militär – Materialien zum militärischen Widerstand

M 9 „Tiefe Skepsis"

Der Historiker Hans-Ulrich Wehler schreibt in einem Essay über mögliche Gründe für den geringen Widerstand von Soldaten (2002):

Auch wenn man die Mentalität des bereitwilligen Tötens wenigstens etwas genauer zu verstehen sucht, bleibt doch die unabweisbare Frage: Weshalb haben sich nicht mehr Offiziere und Soldaten, unlängst noch friedliche Bürger in ihren Städten und Dörfern, dem widersetzt? Der in der Ausbildung eingeschärfte § 47 des Militärstrafgesetzbuches, das bis zum Mai 1945 unverändert in Kraft blieb, lautete: „Wird durch die Ausführung eines Befehls ... ein Strafgesetz verletzt, so ist ... der befehlende Vorgesetzte allein verantwortlich". Untergebene könne die Strafe des „Teilnehmens" treffen, falls ein Befehl überschritten wurde oder ihnen bekannt war, dass der Befehl eine Handlung betraf, die ein „allgemeines oder militärisches Verbrechen... bezweckte". Wäre dieser §47 angewandt worden, hätte ein großer Teil der Generalität und des Offizierskorps, hätten viele Soldaten bestraft werden müssen. Warum beriefen sie sich so extrem selten auf ihn?

1. Der Befehl besitzt seine eigene Durchsetzungsgewalt. Weder Offiziere noch Mannschaften denken unter Kriegsbedingungen in der Regel an Befehlsverweigerung mit ihren möglicherweise tödlichen Folgen.

2. Auch bei ungesetzlichen Handlungen gab es einen hohen Gruppendruck. Man scheute den Vorwurf, als Feigling der Situation nicht gewachsen zu sein, zumal wenn dieser Vorwurf von Kameraden kam, auf die man beim nächsten Kampf oder nach einer Verwundung angewiesen war.

3. Der Hass auf einen meist unsichtbaren Gegner im Partisanenkrieg stieg mit der Höhe der eigenen Verluste. Dieser Hass tobte sich oft aus in den sogenannten Befriedigungsaktionen, wenn ganze Dörfer dem Erdboden gleichgemacht, die Bewohner erschossen wurden. Zwar gibt es in jedem Millionenheer auch Sadisten, die im Krieg freie Bahn gewinnen, aber der allgemeine Hass scheint als Grundstimmung ungleich wichtiger gewesen zu sein.

4. Diese Gründe spielten in vielen Kriegen des 20. Jahrhunderts eine wichtige Rolle, ob in Algerien oder Vietnam, oder auf dem Balkan oder in Tschetschenien. Bei der Wehrmacht kamen jedoch starke zusätzliche Motive noch hinzu: die Verachtung der slawischen „Untermenschen", der weitverbreitete Antisemitismus, die ausgeprägte Führergläubigkeit. Nach jahrelangen Erfolgen musste man offenbar selbst solche Schmutzarbeit für Hitler ausführen.

5. Nicht zuletzt aber bedurfte es einer ungewöhnlichen Zivilcourage, die Teilnahme an den Vernichtungsaktionen zu verweigern. Es gab seltene Fälle dieses Protestes: Einige ältere Polizisten und Polizeioffiziere in den Mordkommandos im Hinterland wollten das blindwütige Morden nicht mitmachen. Die Folge: Sie wurden versetzt. Einige jüngere SS-Offiziere, die von der Front zu den Wachmannschaften der Vernichtungslager versetzt wurden, widersetzten sich. Die Folge: Sie wurden an die Front zurückversetzt. Das war gefährlich genug, aber es ist kein einziger Fall eines gravierenderen kriegsgerichtlichen Urteils bekannt. Aber: Es bedurfte einer gewaltigen Anstrengung, um in dieser Grenzsituation der Befehlsverweigerung seinen Mann zu stehen. Die meisten vermochten es nicht, die genannten Motive waren stärker.

Eins möchte ich an dieser Stelle betonen: Ich beurteile das Verhalten dieser Soldaten nicht von oben herab, vom hohen Podest der Wissenschaft oder vom sicheren Port des Nachgeborenen in einer langen Friedenszeit. Ich war gerade dreizehn, als das „Dritte Reich" zusammenbrach, ein begeisterter Pimpf nach dem Wehrertüchtigungslager, wo Winnetou und Old Shatterhand endlich ernsthaft weitergespielt wurden. Der Zufall der Geburt sorgte dafür, dass ich nicht drei Jahre älter war und daher auch nicht, wie die beiden letzten Jahrgänge unseres Gymnasiums, zur Waffen-SS eingezogen wurde. Wie hätte man sich dort verhalten? Panisches Töten im Partisanenkrieg – das kann ich mir vorstellen. Natürlich hofft jeder, er hätte sich dem Erschießen von Frauen und Kindern verweigern können. Aber weiß man das selber sicher genug? War nicht oft die Rede davon, sie hätten als Boten den Partisanen deutsche Stellungen verraten? Seit dieser Zeit habe ich jedenfalls eine tiefe Skepsis beibehalten, wie verführbar und kommandierbar man unter Kriegsbedingungen selber hätte sein können.

Hans-Ulrich Wehler, Konflikte zu Beginn des 21. Jahrhunderts. Essays, Wehrmacht und Nationalsozialismus, München 2002, Seite 28 f.

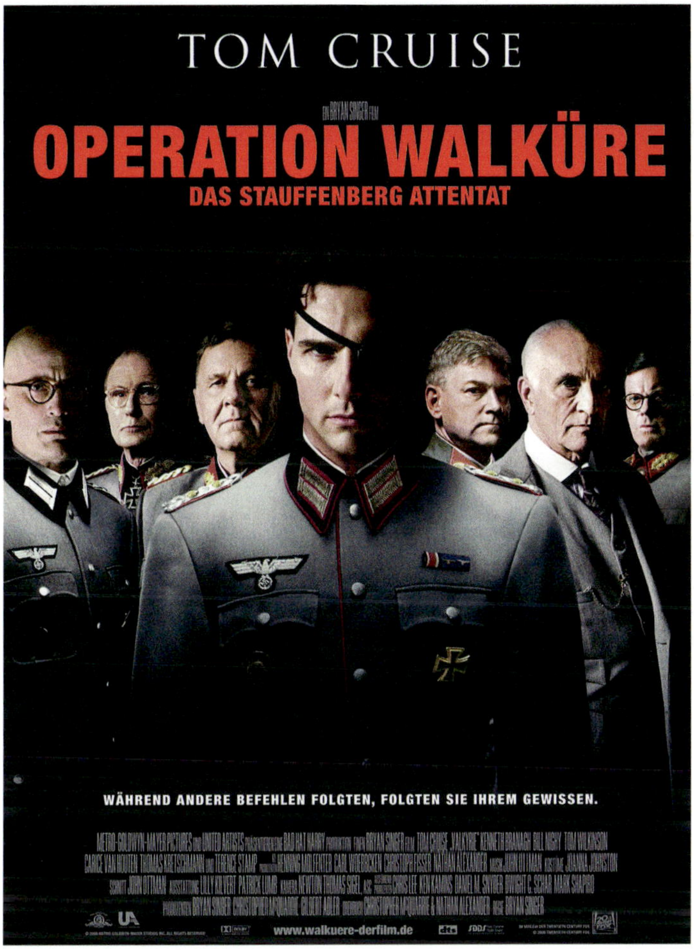

M 10 **„Operation Walküre"**
Filmplakat, 2008

Aufgaben

1. ⊙⊙○ Charakterisieren Sie die Rolle des Militärs im Nationalsozialismus.
   → Text
2. a) ⊙○○ Fassen Sie die zentralen Aussagen Hitlers zusammen.
   b) ⊙⊙○ Erläutern Sie die spezifische Form der Aufzeichnung.
   c) ⊙⊙⊙ Erörtern Sie, welche Bedeutung die Quelle hat.
   d) ⊙⊙○ Arbeiten Sie heraus, worin der Historiker Andreas Wirsching die Besonderheit der Besprechung sieht.
   → M4–M5
3. a) ⊙⊙○ Erläutern Sie, welche Rückschlüsse die Quellen auf die Täterschaft bzw. die Mitwisserschaft von Deutschen erlauben.
   b) ⊙⊙⊙ Erörtern Sie anhand des Befehls des Oberkommandierenden der 6. Armee die Rolle der Wehrmacht beim Massenmord. → M6–M8
4. a) ⊙⊙○ Arbeiten Sie aus dem Text die Gründe heraus, die laut Hans-Ulrich Wehler für den geringen Widerstand von Soldaten verantwortlich waren.
   b) ⊙⊙⊙ Erörtern Sie, ob bzw. inwieweit die damalige Haltung aus heutiger Sicht nachvollziehbar ist.
   → M9
5. a) ⊙⊙○ Informieren Sie sich über das Attentat vom 20. Juli 1944 und stellen Sie den Ablauf kurz dar.
   b) ⊙⊙⊙ Interpretieren Sie das Filmplakat.
   c) ⊙⊙⊙ „Operation Walküre" – ein gelungener Film über das Hitler-Attentat? Setzen Sie sich mit dieser Frage kritisch auseinander.
   → M10

5. Ausgrenzung und Entrechtung der Juden

Der Beginn der Judenverfolgung

Der Antisemitismus wurde nach Hitlers Machtübernahme zur Staatsdoktrin und zum zentralen Bestandteil der Politik. Dabei sind willkürliche Aktionen der antisemitischen Parteibasis ebenso zu beobachten wie systematische Maßnahmen der Behörden. Am 1. April 1933 organisierte die NSDAP einen „Judenboykott", der sich vor allem gegen jüdische Waren- und Kaufhäuser richtete. Begründet wurde der Boykott als Antwort auf eine angebliche jüdische Hetze gegen das „neue Deutschland" im Ausland. Er verlief weder friedlich noch diszipliniert, wie die nationalsozialistische Propaganda behauptete. Vielmehr waren Nötigung, Körperverletzung, Diebstahl und Freiheitsberaubung an der Tagesordnung. Die Polizei blieb häufig untätig; Juden hatten keinen Rechtsschutz mehr.

M 1 „Deutsche! Wehrt Euch! Kauft nicht bei Juden!"
Boykott jüdischer Geschäfte, 1. April 1933

Mit dem Gesetz zur angeblichen „Wiederherstellung des Berufsbeamtentums" vom 7. April 1933 schufen sich die neuen Machthaber dann eine Handhabe, neben politischen Gegnern auch jüdische Richter, Beamte und Angestellte aus allen Bereichen des öffentlichen Dienstes zu entfernen. Andere Bestimmungen schränkten die Tätigkeit jüdischer Ärzte und Rechtsanwälte sukzessive ein.

Die „Nürnberger Gesetze" entstanden kurz vor dem Reichsparteitag im September 1935. Das „Reichsbürgergesetz" vom 15. September 1935 schied die Bevölkerung in „Reichsbürger deutschen oder artverwandten Blutes", die „alleinige Träger der vollen politischen Rechte" wurden, und übrige „Staatsangehörige". Damit deklassierte man die Juden zu Bürgern minderen Rechts. Das „Gesetz zum Schutze des deutschen Blutes und der deutschen Ehre" vom 15. September 1935 verbot Eheschließungen und außerehelichen „Verkehr" zwischen Juden und Nichtjuden. Die rechtliche Diskriminierung zog die gesellschaftliche Ächtung und Isolierung der Juden nach sich.

M 2 „Ich bin am Ort das größte Schwein und laß mich nur mit Juden ein!"
Wegen „Rassenschande" am Pranger, Aufnahme aus Cuxhaven, 1935

Verschärfung der Verfolgung

Nachdem sich das NS-Regime 1936 während der Olympischen Spiele von Berlin in seiner Judenpolitik zurückgehalten hatte, war von 1937 an eine Radikalisierung zu beobachten. Es gab Berufsverbote für jüdische Ärzte und Anwälte, Verbote des Betreibens von Einzelhandels- und Versandgeschäften sowie die Erfassung jüdischer Vermögenswerte. Ziel war die Vertreibung der Juden aus Deutschland. Antisemitische Ausschreitungen in Berlin, Synagogenzerstörungen in Nürnberg, München und Dortmund sowie die Verhaftungswellen im Sommer 1938 verunsicherten die deutschen Juden immer mehr; dennoch hofften die meisten – allen Demütigungen zum Trotz –, in ihrem Vaterland überleben zu können.

Von den etwa 500 000 deutschen Juden, die Anfang 1933 im Reichsgebiet lebten, hatten bis 1938 nur 150 000 ihre Heimat verlassen. Die Emigration war wegen der Erhebung einer „Reichsfluchtsteuer" mit nahezu totalem Vermögensverlust verbunden. Ausländische Regierungen waren nur zögernd bereit, jüdische Flüchtlinge aufzunehmen. 1938 verwehrte Polen allen Juden polnischer Staatsangehörigkeit, die mehr als fünf Jahre im Ausland gelebt hatten, die Rückkehr. Dahinter stand die Befürchtung, dass nach der Angliederung Österreichs 1938 die dort lebenden Juden nach Polen fliehen könnten. Da das NS-Regime diese Menschen aber vertreiben wollte, schob es Ende Oktober 1938 etwa 12 000 Juden aus dem Reichsgebiet an die polnische Grenze ab, wo sie unter menschenunwürdigen Bedingungen interniert wurden. Unter den vertriebenen Juden befanden sich auch die Eltern von Herschel Grynszpan, der 1938 illegal und arbeitslos in Paris lebte. Als er vom Schicksal seiner Familie erfuhr, soll er versucht haben, Geld und gültige Reisedokumente von dem deutschen Diplomaten Ernst vom Rath zu erpressen. Am 7. November 1938 schoss der 17-Jährige dann auf den an der deutschen Botschaft in Paris tätigen Legationssekretär, der am 9. November seinen Verletzungen erlag.

Die Pogrome vom 9. und 10. November 1938

Die Nationalsozialisten benutzten das Attentat als Vorwand für reichsweite Pogrome gegen die jüdische Bevölkerung, die unter dem beschönigenden Schlagwort „Reichskristallnacht“ in die Geschichte eingegangen sind. Das Wort ist nach dem 10. November 1938 im Berliner Volksmund entstanden, als viele Straßen im Berliner Westen mit Kristallglas und Schaufensterscheiben aus demolierten Wohnungen und Geschäften jüdischer Eigentümer überhäuft waren. Der Begriff verharmlost jedoch die Gewalttaten der Nationalsozialisten, da nicht nur Sachwerte beschädigt und zahlreiche Synagogen zerstört, sondern auch Menschen verletzt und getötet wurden. Etwa 30 000 Juden – überwiegend Personen, an deren Eigentum man interessiert war – wurden ohne Rechtsgrundlage in „Schutzhaft“ genommen bzw. in Konzentrationslager gesperrt, um sie so zur Auswanderung zu zwingen. Ihre Freilassung wurde von der Bereitschaft zur „Arisierung“ ihrer Betriebe und Vermögenswerte abhängig gemacht.

Nach Absprache mit Hitler erließ Hermann Göring in seiner Eigenschaft als „Beauftragter für den Vierjahresplan“ am 12. November 1938 drei Verordnungen. Durch eine Verordnung über eine „Sühneleistung“ für das Attentat auf den Diplomaten Rath wurde den deutschen Juden die Zahlung von einer Milliarde Reichsmark abverlangt. Die „Verordnung zur Ausschaltung der Juden aus dem deutschen Wirtschaftsleben“ untersagte den Juden betriebliche Unternehmungen in Handel, Handwerk und Gewerbe. Schließlich mussten die Juden für die Beseitigung aller Schäden aufkommen, die während der Pogrome am 9. und 10. November 1938 entstanden waren.

M 3 **Nach dem Pogrom wird das Inventar der Synagoge von Mosbach verbrannt,** Foto, November 1938

Die Konsequenz der nationalsozialistischen Judenpolitik brachte Göring auf einer Besprechung über die „Judenfrage“ am 12. November 1938 unverhüllt zum Ausdruck: „Wenn das Deutsche Reich in absehbarer Zeit in außenpolitischen Konflikt kommt, so ist es selbstverständlich, dass auch wir in Deutschland in aller erster Linie daran denken werden, eine große Abrechnung an den Juden zu vollziehen.“

Nutznießer der Novemberpogrome von 1938 waren in erster Linie die neuen deutschen Eigentümer der „arisierten“ Betriebe und Unternehmen, die sich den jüdischen Besitz rücksichtslos aneigneten, sowie Hermann Göring, der das eingezogene Vermögen für die Aufrüstung verwendete. Göring, der von Hitler mit der Koordination aller antijüdischen Verordnungen betraut worden war, übertrug die diesbezüglichen entscheidenden Befugnisse dem Chef der Sicherheitspolizei und des SD Reinhard Heydrich.

M 4 Angestellte entfernen den Namen eines ehemals jüdischen Schuhgeschäfts in Hof
Seit 1933 versuchte die NS-Regierung, die Juden aus der Wirtschaft zu verdrängen. Im Jahre 1938 schließlich wurde die totale Verdrängung verfügt. Wenn die Geschäfte aus jüdischem Besitz nicht geschlossen wurden, so konnten nichtjüdische Konkurrenten sie zu Spottpreisen übernehmen, Foto von 1938.

M 5 Versteigerung und Verkauf jüdischen Vermögens
undatierte Fotografie, vermutlich aus Hanau

Verfolgung und deutsche Gesellschaft 1933–1937

M 6 „Nürnberger Gesetze"

a) „Reichsbürgergesetz" (15. September 1935):

Der Reichstag hat einstimmig das folgende Gesetz beschlossen, das hiermit verkündet wird:

§ 1. (1) Staatsangehöriger ist, wer dem Schutzverband des Deutschen Reiches angehört und ihm dafür besonders verpflichtet ist.

(2) Die Staatsangehörigkeit wird nach den Vorschriften des Reichs- und Staatsangehörigkeitsgesetzes erworben.

§ 2. (1) Reichsbürger ist nur der Staatsangehörige deutschen oder artverwandten Blutes, der durch sein Verhalten beweist, dass er gewillt und geeignet ist, in Treue dem Deutschen Volk und Reich zu dienen.

(2) Das Reichsbürgerrecht wird durch Verleihung des Reichsbürgerbriefes erworben.

(3) Der Reichsbürger ist der alleinige Träger der vollen politischen Rechte nach Maßgabe der Gesetze.

§ 3. Der Reichsminister des Innern erlässt im Einvernehmen mit dem Stellvertreter des Führers die zur Durchführung und Ergänzung des Gesetzes erforderlichen Rechts- und Verwaltungsvorschriften.

b) „Gesetz zum Schutze des deutschen Blutes und der deutschen Ehre" (15. September 1935):

Durchdrungen von der Erkenntnis, dass die Reinheit des deutschen Blutes die Voraussetzung für den Fortbestand des Deutschen Volkes ist, und beseelt von dem unbeugsamen Willen, die Deutsche Nation für alle Zukunft zu sichern, hat der Reichstag einstimmig das folgende Gesetz beschlossen, das hiermit verkündet wird:

§ 1

(1) Eheschließungen zwischen Juden und Staatsangehörigen deutschen oder artverwandten Blutes sind verboten. Trotzdem geschlossene Ehen sind nichtig, auch wenn sie zur Umgehung dieses Gesetzes im Ausland geschlossen sind.

(2) Die Nichtigkeitsklage kann nur der Staatsanwalt erheben.

§ 2

Außerehelicher Verkehr zwischen Juden und Staatsangehörigen deutschen oder artverwandten Blutes ist verboten.

§ 3

Juden dürfen weibliche Staatsangehörige deutschen oder artverwandten Blutes unter 45 Jahren in ihrem Haushalt nicht beschäftigen.

§ 4

(1) Juden ist das Hissen der Reichs- und Nationalflagge und das Zeigen der Reichsfarben verboten.

(2) Dagegen ist ihnen das Zeigen der jüdischen Farben gestattet. Die Ausübung dieser Befugnis steht unter staatlichem Schutz.

§ 5

(1) Wer dem Verbot des § 1 zuwiderhandelt, wird mit Zuchthaus bestraft.

(2) Der Mann, der dem Verbot des § 2 zuwiderhandelt, wird mit Gefängnis oder mit Zuchthaus bestraft.

(3) Wer den Bestimmungen der §§ 3 oder 4 zuwiderhandelt, wird mit Gefängnis bis zu einem Jahr und mit Geldstrafe oder mit einer dieser Strafen bestraft.

§ 6

Der Reichsminister des Innern erlässt im Einvernehmen mit dem Stellvertreter des Führers und dem Reichsminister der Justiz die zur Durchführung und Ergänzung des Gesetzes erforderlichen Rechts- und Verwaltungsvorschriften.

§ 7

Das Gesetz tritt am Tage nach der Verkündung, § 3 jedoch erst am 1. Januar 1936 in Kraft.

Nürnberg, den 15. September 1935, am Reichsparteitag der Freiheit.

Zit. nach: Ingo von Münch (Hg.), Gesetze des NS-Staates. Dokumente eines Unrechtssystems, Paderborn 1994, S. 119 f.

M 7 Hetze gegen Juden in Greifenberg (Pommern), Foto von 1935

M 8 Ein jüdischer Student wird von der SA durch Marburg getrieben, Foto vom 24. August 1933.

M 9 „Nachbarlosigkeit"

Joachim Prinz schrieb im April 1935 in der „Jüdischen Rundschau" über die soziale Isolierung der jüdischen Bevölkerung. Joachim Prinz war Rabbiner in Berlin und emigrierte 1937 in die USA:

Des Juden Los ist: nachbarlos zu sein. Vielleicht gibt es das nur einmal auf der Welt, und wer weiß, wie lange man es ertragen kann: das Leben ohne Nachbarn. Überall kennt das Leben den nachbarlichen Menschen. Das ist nicht der Freund, aber einer, der gewillt ist, mit dem anderen das Leben zu tragen, es ihm nicht zu erschweren, sein Mühen und sein Hasten mit freundlichen Augen zu betrachten. Das fehlt. Die Juden der großen Stadt spüren das nicht so, aber die Juden der kleinen Städte, die am Marktplatz wohnen ohne Nachbarn, deren Kinder in die Schule gehen ohne Nachbarkinder, spüren die Isolierung, welche die Nachbarlosigkeit bedeutet, die grausamer ist als alles andere, und es ist vielleicht für das Zusammenleben von Menschen das härteste Los, das einen treffen kann. Wir würden das alles nicht so schmerzlich empfinden, hätten wir nicht das Gefühl, dass wir einmal Nachbarn besessen haben.

Jüdische Rundschau, Nr. 31/32 vom 17. April 1935, S. 3.

M 10 „Judengegner und Judenfreunde"

Bericht des Bezirksamtes Bad Kissingen über Reaktionen auf die „Nürnberger Gesetze" (27.9.1935):

Die in Nürnberg erlassenen Gesetze gegen die Juden werden im Allgemeinen von der Bevölkerung begrüßt; doch fehlt es auch weiterhin nicht an Personen, die glauben, die Juden in Schutz nehmen zu müssen. Besonders in der Gemeinde Steinach scheint sich die Bevölkerung in zwei Lager gespalten zu haben: Judengegner und Judenfreunde.

Zit. nach: Otto Dov Kulka, Eberhard Jäckel, Die Juden in den geheimen NS-Stimmungsberichten 1933–1945, Düsseldorf 2004, S. 163.

M 11 Fastnachtsumzug in Marburg
Als „Juden" verkleidete Teilnehmer amüsieren sich über die Auswanderung nach Palästina, Foto vom Februar 1936.

Die Novemberpogrome von 1938 im Spiegel zeitgenössischer Quellen

M 12 Gaffer vor der brennenden Synagoge in Bielefeld während der Novemberpogrome 1938
Nach dem Attentat eines Juden, dessen Eltern deportiert worden waren, auf einen deutschen Diplomaten in Paris löste die NS-Spitze im ganzen Reich schwere Ausschreitungen aus, die schließlich zum Tod von etwa 100 Juden führten. Die systematische Zerstörung fast aller Synagogen vollzog sich vor den Augen der deutschen Öffentlichkeit.

M 13 Ein Bericht

Aus dem Tagebuch der jüdischen Ärztin Hertha Nathorff:

10. November 1938. Gestern ist in Paris ein Mord geschehen, ein polnischer Jude hat einen Sekretär der deutschen Botschaft erschossen. [...]
Heute früh erzählte mir dann mein Mädchen: „Heute Nacht haben sie wohl wieder allerhand angestellt. Im Pelzgeschäft nebenan sind die Schaufenster eingeschlagen und alles gestohlen." Ich hörte nur mit halbem Ohr zu. Man ist ja schon an solche Dinge hier gewöhnt. Kurz darauf machte ich mich auf den Weg in die Klinik. Komisch, so viele Glassplitter auf der Straße! In dem schönen, eleganten Modegeschäft sind ja sämtliche Scheiben eingeschlagen, die Schaukästen leer. Auch im nächsten Geschäft und gegenüber bei Etam, in dem feinen Strumpfgeschäft ist es das Gleiche. Was haben sie bloß wieder gemacht?, denke ich. Da höre ich eine gut angezogene Dame im Vorbeigehen zu ihrem Mann sagen: „Recht geschieht es der verdammten Judenbande, Rache ist süß!"
Jetzt erst beginne ich zu erfassen, was geschehen ist, und sehe mich richtig um. Scherben, Scherben, demolierte Geschäfte, soweit in der Kaiserallee überhaupt jüdische Geschäfte noch sind. Voller Ekel wende ich mich ab und gehe wieder nach Hause. Wohl höre ich einige unwillige Bemerkungen über diese Vorgänge aus den Reihen der Passanten; die meisten aber gehen scheu und still durch die Straßen. [...]
Halb 10 Uhr abends. Es klingelt zweimal kurz und scharf hintereinander. Ich gehe an die Tür: „Wer ist da?" – „Aufmachen! Kriminalpolizei!" Ich öffne zitternd, und ich weiß, was sie wollen. „Wo ist der Herr Doktor?" – „Nicht zu Hause", sage ich. – „Was? Die Portierfrau hat ihn doch nach Hause

kommen sehen." – „Er war zu Hause, aber er ist wieder weggerufen worden." – Sie gehen auf die erste Tür zu. Geschlossen. Die zweite Tür. Geschlossen. „Hier sind unsere Praxisräume", erkläre ich. „Ich schließe abends immer zu, wenn ich allein zu Hause bin, seit wir einmal bestohlen worden sind." Sie gehen an die nächste Tür. „Bitte nicht rütteln", sage ich. „Hier schläft mein Kind." – „Den jüdischen Dreh kennen wir." Und – mir den Revolver unter die Nase haltend – „noch ein Wort, und die Kugel sitzt Ihnen im Hirn. Wo haben Sie Ihren Mann versteckt?" Meine Knie zittern. Nur ruhig bleiben, ruhig bleiben, sage ich zu mir selber. „Ich lüge nicht. Mein Mann ist nicht zu Hause. Aber bitte erst mein Kind, dann mich. Und treffen Sie gut." Und ich öffne die Tür, die ins Zimmer des schlafenden Kindes führt. Schon schicken die beiden Kerle sich an zu gehen. Endlich scheinen sie mir ja Glauben zu schenken. Doch in diesem Augenblick höre ich, wie die Türe zu unserer Wohnung aufgeschlossen wird. Mein Mann kommt – er kommt, der Unglückselige, in dem Augenblick, da ich ihn gerettet wähne. Und wie er geht und steht, führen sie ihn ab.

Zit. nach: Hans-Jürgen Döscher, „Reichskristallnacht". Die Novemberpogrome 1938, München 2000, S. 115 f.

M 14 Reaktionen auf die Pogrome

a) Aus [dem] Monatsbericht des Oberbürgermeisters von Ingolstadt (Oberbayern), 1.12.1938:

Die Aktion gegen die Juden wurde rasch und ohne besondere Reibungen zum Abschluss gebracht. Im Verfolg dieser Maßnahme hat sich ein jüdisches Ehepaar in der Donau ertränkt […].

b) Aus [dem] Monatsbericht des Regierungspräsidenten von Ober- und Mittelfranken, 8.12.1938:

Die freche Herausforderung des Weltjudentums durch den feigen Mord in Paris war für zahlreiche Lehrer des Regierungsbezirks Veranlassung, aufgrund ihrer nationalsozialistischen Einstellung zur Judenfrage den Religionsunterricht niederzulegen. Im Verlauf der Protestaktion gegen die Juden wurden in Wunsiedel auch zwei evangelische Geistliche und vier katholische Pfarrer, die als „Judenknechte" gelten, durch die empörte Volksmenge auf die Polizeiwache verbracht und dort vorübergehend festgehalten. In den Pfarrhäusern wurde eine Anzahl Fensterscheiben zertrümmert. […] Im Zuge der Protestaktion gegen das jüdische Mördergesindel wurden im Regierungsbezirk 772 Juden festgenommen, von denen sich noch 389 in Haft befinden. Außerdem wurden nach dem Bericht der Staatspolizeistelle Nürnberg-Fürth 17 Synagogen ausgebrannt, 25 Synagogen demoliert, 115 jüdische Geschäfte zerstört; weitere 39 jüdische Geschäfte wurden nur geschlossen. In 594 jüdischen Wohnungen wurde die Inneneinrichtung zerstört bzw. beschädigt. Außerdem wurde das Geschäft einer Deutschblütigen beschädigt, weil der Bevölkerung bekannt war, dass die Inhaberin mit einem Juden Rassenschande getrieben hatte […] Judenfrei sind bereits die Städte Dinkelsbühl, Eichstätt, Schwabach, Zirndorf und die Bezirke Hersbruck, Neustadt a. d. Aisch, Nürnberg, Pegnitz, Rothenburg o. d. Tauber und Staffelstein.

Zit. nach: Hans-Jürgen Döscher, „Reichskristallnacht". Die Novemberpogrome 1938, München 2000, S. 111.

Aufgaben

1. a) ⊙⊙○ Stellen Sie die Stufen der Judenverfolgung zwischen 1933 und 1937 zusammen und erläutern Sie, wie die Bevölkerung jeweils darauf reagierte.
   b) ⊙⊙○ Arbeiten Sie die Rolle, die die Propaganda für die „Volksgemeinschaft" spielte, heraus.
   → Text
2. a) ⊙⊙○ Erläutern Sie die einzelnen Bestimmungen der „Nürnberger Gesetze".
   b) ⊙○○ Fassen Sie zusammen, wie Joachim Prinz die Lage der Juden beurteilt.
   c) ⊙⊙○ Analysieren Sie anhand des Berichts des Bezirkamtes Bad Kissingen, wie die Bevölkerung reagierte. Achten Sie dabei auf die Art der Quelle.
   → M6–M10
3. a) ⊙⊙○ Beschreiben und erläutern Sie die Abbildungen und erklären Sie, welche Rückschlüsse daraus auf die Einstellung der Bevölkerung gezogen werden können. → M1–M3, M7, M8, M11
4. a) ⊙⊙○ Erläutern Sie, was auf den Fotografien zu sehen ist.
   b) ⊙⊙⊙ Erörtern Sie, welche Bedeutung diese fotografischen Quellen haben.
   c) ⊙⊙○ Arbeiten Sie die Einstellung von Hertha Nathorff gegenüber dem Novemberpogrom heraus.
   d) ⊙⊙○ Stellen Sie dar, wie sich die Bevölkerung gegenüber dem Pogrom verhielt. Berücksichtigen Sie die Herkunft der Quelle. → M12–M14

Umgang mit Spielfilmen

M 15 **„Jud Süss"**
Originalplakat des Films, 1940

Spielfilme sind seit dem 20. Jahrhundert ein zentrales Unterhaltungsmedium, das jedoch, etwa im Nationalsozialismus, auch politisch eingesetzt wurde. Einer der wichtigsten Propagandafilme war „Jud Süß", der auf einem historischen Fall beruhte.

"Jud Süß"

Der Geschäftsmann Josef Oppenheimer, diskriminierend auch „Jud Süß" genannt, wurde 1698 in Heidelberg geboren und 1738 in Stuttgart hingerichtet. Seit 1733 war er als Finanzier des Herzogs Karl Alexander von Württemberg tätig und eröffnete dem absolutistischen Landesherrn neue Finanzquellen wie Monopole, Ämterhandel oder Münzverschlechterung. Dies führte nach dem Tod des Herzogs dazu, dass gegen den unbeliebten „Hofjuden" von Beamtenschaft und Landständen ein rechtlich zweifelhaftes Verfahren angestrengt wurde, das zu seiner Verurteilung zum Tode führte.

Der historische Fall bot Anlass für literarische bzw. filmische Bearbeitungen. 1827 erschien die antisemitische Novelle „Jud Süß" von Wilhelm Hauff. 1925 veröffentlichte Lion Feuchtwanger seinen historischen Roman Jud Süß, in dem er einen Massenausbruch des Antisemitismus analysierte. Nach der „Machtübernahme" Hitlers in Deutschland wurde der Roman verboten und verbrannt. Er diente als Vorlage für zwei Verfilmungen:

1934 führte der deutsche Emigrant Lothar Mendes in England die Regie für „Jew Suess". Am 5.9.1940 hatte der deutsche antisemitische Spielfilm „Jud Süß" seine Uraufführung bei den Filmfestspielen in Venedig. Die deutsche Erstaufführung fand am 24.9.1940 in Anwesenheit von Joseph Goebbels und anderen hohen Partei- und Kulturgrößen in Berlin statt und wurde vom Premierenpublikum bejubelt. Veit Harlan führte Regie und neben Ferdinand Marian, der den Josef Oppenheimer spielte, wirkten die bekanntesten Schauspieler des deutschen Kinofims mit (u.a. Heinrich George, Werner Krauss und Kristina Söderbaum). Den Film sahen in der Folgezeit etwa 20 Millionen Deutsche.

Der Inhalt

Der Film gibt zwar im Titel vor, sich an die historischen Tatsachen zu halten, er entspricht jedoch weder der historischen Wahrheit noch der literarischen Vorlage Feuchtwangers. Im Film erschleicht sich Oppenheimer die Gunst des württembergischen Herzogs. Er ist schuld, dass der Herzog sein Volk vernachlässigt, um sich dem Luxusleben zu widmen. Um die dabei entstehenden Schulden abtragen zu können, erhält Oppenheimer das Recht, Straßenzoll zu erheben, den er gegen den Willen der Stände durchsetzt. Dies, sein Streben nach persönlicher Bereicherung und die durch ihn verursachte Öffnung Stuttgarts für die Ansiedlung von Juden treiben die Stände zum Widerstand gegen den Herzog. Eine bevorstehende Erhebung rät Oppenheimer mit Waffengewalt niederzuschlagen.

Oppenheimer nutzt seine herausgehobene Stellung am Hof, um Dorothea, der Frau eines der Gegner des Herzogs, sexuell nachzustellen. Dorothea, von Oppenheimer genötigt, willigt in eine sexuelle Beziehung mit Oppenheimer ein, der behauptet, ihren Mann vor weiteren Folterungen bewahren zu können. Dorothea ertränkt sich schließlich aus Scham, mit einem Juden geschlafen zu haben, im Neckar. Als der Ehemann die Leiche aus dem Fluss birgt, kommt es zum Aufstand. Nach dem Tod des Herzogs wird Oppenheimer festgesetzt und wegen seiner intimen Beziehung zu einer Christin zum Tode verurteilt.

M 16 **Filmszene**
Der bekannte Schauspieler Werner Krauß spielte gleich mehrere Juden im Film (jedoch nicht die Hauptrolle), 1940

Die Funktion des Films

Filme waren neben Rundfunk das wichtigste Massenmedium und wurden wie „Jud Süß“ für die Interessen des nationalsozialistischen Regimes instrumentalisiert. Reichspropagandaminister Joseph Goebbels hatte drei Filme in Auftrag gegeben, um Juden zu denunzieren. Der erfolgreichste davon war „Jud Süß“, weil er im Gegensatz zum Dokumentarfilm „Der ewige Jude“, für den der Regisseur Fritz Hippler Verantwortung trägt, auf offensichtliche und plumpe propagandistische Mittel verzichtet. Veit Harlans Film entsprach dem Genre des Mantel- und Degenfilms. Die Vermischung von Erotik und Judenfeindschaft war das zentrale Mittel, um Neugier, Sensationslust und Abscheu hervorzurufen.

Die Nachwirkungen des Films

Nach dem Ende des Zweiten Weltkriegs wurde der Film von den Alliierten verboten. Während er heute in Österreich und der Schweiz frei zugänglich ist, kann er in Deutschland nur unter Auflagen gezeigt werden. Das Landgericht Hamburg sprach am 23.4.1949 den Regisseur Veit Harlan gleichwohl vom Vorwurf frei, mit seinem Film ein Wegbereiter des Holocausts gewesen zu sein.

Arbeitsschritte und Fragestellungen zur Interpretation von Filmen

1. Die Entstehung und Überlieferung des Filmes klären

a) Informieren Sie sich über Lion Feuchtwanger und sein Werk
b) Welche Ziele verfolgte Feuchtwanger mit seinem Roman?
c) Inwiefern veränderte der Film Veit Harlans die Absichten Feuchtwangers?

2. Die Filmsprache analysieren

a) Informieren Sie sich in Lexika und im Internet über die unterschiedlichen Verfilmungen von „Jud Süß".
b) Begründen Sie, warum man von Veit Harlans Film als Propagandafilm sprechen kann.
c) Beschreiben Sie das Filmplakat. Worin besteht dessen propagandistische Wirkung?
d) Charakterisieren Sie anhand des Szenenbilds die Darstellung von Juden im Film.

3. Den Film zusammenfassend interpretieren

a) Beschreiben Sie, worin die besondere Wirkungsweise des Films besteht.
b) Diskutieren Sie, ob der Freispruch Veit Harlans gerechtfertigt war oder nicht.
c) Sollte Ihrer Meinung nach der Film auch in Deutschland frei zugänglich sein und ohne Einschränkungen aufgeführt werden dürfen?

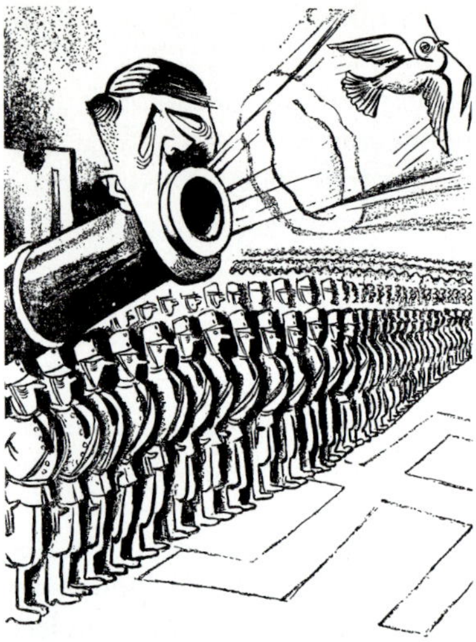

M 1 **Hitlers „Friedensrede"**
US-Karikatur von 1933

6. Außenpolitik zwischen Verschleierung und Krieg

Bei Hitlers Machtübernahme war das Deutsche Reich außenpolitisch isoliert und infolge des Versailler Vertrags militärisch geschwächt. Da Hitler 1933 noch keine Bündnispartner hatte, wären Expansionspläne auf den Widerstand der Großmächte gestoßen. Um seine langfristigen Zielsetzungen zu verschleiern, verfolgte Hitler deshalb eine Doppelstrategie: In öffentlichen Erklärungen vor dem Reichstag und im Rundfunk warb er für seine „Friedenspolitik", insgeheim aber begann er aufzurüsten, um Deutschland kriegsbereit zu machen.

Revision des Versailler Vertrags

Die ersten außenpolitischen Maßnahmen Hitlers sollten Deutschland aus den „Fesseln" des „Diktats" von Versailles befreien. Zunächst trat Deutschland im Oktober 1933 aus dem Völkerbund aus, da dieser hinderlich erschien für künftige Expansionspläne. Im Januar 1934 überraschte Hitler die Welt durch einen Nichtangriffspakt mit der Regierung in Warschau, durch den Polen als Bündnispartner Frankreichs weitgehend neutralisiert wurde. Auch das Flottenabkommen mit Großbritannien (1935) sollte die „Friedfertigkeit" seiner Politik demonstrieren. Die europäischen Regierungen tolerierten diese Politik und nahmen auch die Wiedereinführung der allgemeinen Wehrpflicht im März 1935 sowie die Besetzung des entmilitarisierten Rheinlands im März 1936 nach schwachem Protest hin. Sie hofften, Hitler mit dieser Appeasement-Politik beschwichtigen und von weitergehenden Schritten abhalten zu können.

Propaganda und Kriegsvorbereitung

Vor der Weltöffentlichkeit wollte Hitler die Olympischen Spiele in Berlin 1936 zur Steigerung seines Ansehens benutzen, indem er sie als „Fest des Friedens" apostrophierte. Viele Zeitgenossen im In- und Ausland ließen sich von der perfekt inszenierten Propaganda blenden. Tatsächlich arbeiteten die Nazis jedoch darauf hin, die deutsche Wehrmacht und die Schlüsselindustrien der Wirtschaft innerhalb von vier Jahren kriegsbereit zu machen.

Am 13. März 1938 vollzog Deutschland nach massivem Druck auf die Wiener Regierung den „Anschluss" Österreichs, d. h. die Vereinigung mit dem Deutschen Reich. Gegenüber der Weltöffentlichkeit präsentierte Hitler die Annexion als „Befreiung" seiner Heimat. Die überschwängliche Begeisterung, mit der die Österreicher den Einmarsch der deutschen Truppen begrüßten, ließ alle Warnungen vor weiteren Expansionen verstummen.

Ermutigt von diesem Erfolg, forderte Hitler im September 1938 von der Tschechoslowakei die Abtretung ihrer westlichen Grenzgebiete. Diese Gebiete, in denen etwa 3,2 Millionen Sudetendeutsche lebten, hatten die Alliierten nach dem Ersten Weltkrieg der Tschechoslowakei zugeschlagen. Um einen Krieg zu vermeiden, erzwangen Großbritannien, Frankreich und Italien im Münchener Abkommen vom 29. September 1938 auf deutschen Wunsch die Abtretung der sudetendeutschen Gebiete. Hitler verkündete öffentlich, dass dies seine letzte territoriale Forderung gewesen wäre, doch schon wenige Wochen später bereitete er die deutsche Presse auf ihre propagandistische Funktion bei der Entfesselung des Krieges vor: Am 10. November 1938 sprach

M 2 **Münchener Abkommen**
Gruppenaufnahme der Teilnehmer nach der Unterzeichnung am 29. September 1938. 1. Reihe (von links): Arthur Neville Chamberlain, Edouard Daladier, Adolf Hitler, Benito Mussolini und Graf Galeazzo Ciano

Hitler vor ausgewählten Vertretern der deutschen Presse über die Rolle der Propaganda in der deutschen Außenpolitik. Die Umstände hätten ihn gezwungen, „jahrzehntelang fast nur vom Frieden zu reden“. Es sei aber nunmehr notwendig, das Volk „psychologisch allmählich umzustellen und ihm langsam klarzumachen“, dass es Ziele gäbe, die mit „Gewalt durchgesetzt werden müssen“. Das Volk müsste bereit sein, „geradezustehen, auch wenn es zu blitzen und zu donnern beginnt“.

Nach der Annexion des Sudetenlandes richteten sich Hitlers begehrliche Blicke erneut auf die Tschechoslowakei. Am 15. März 1939 marschierte die deutsche Wehrmacht in die „Resttschechei“ ein. Um diesen Schritt zu rechtfertigen, zwang Hitler den tschechischen Präsidenten Hacha unter Androhung der Bombardierung Prags zur Abgabe der

M 3

M 4 Ribbentrop in Moskau
Der deutsche Außenminister unterzeichnet am 23. August 1939 den deutsch-sowjetischen Nichtangriffspakt. Hinten rechts Stalin, links davon (mit Bart) der sowjetische Außenminister Molotow.

Erklärung, dass er, Hacha, das „Schicksal des tschechischen Volkes vertrauensvoll in die Hände des Führers" lege. Der tschechische Landesteil wurde Deutschland als „Protektorat Böhmen und Mähren" einverleibt; die Slowakei wurde ein „Schutzstaat" des „Großdeutschen Reiches". Da die Appeasement-Politik der Westmächte offensichtlich gescheitert war, gaben England und Frankreich Garantieerklärungen für Polen und Belgien ab.

Die Einverleibung tschechischer Gebiete bildete insofern einen Wendepunkt in der deutschen Außenpolitik, als erstmals Land annektiert wurde, das von einer nichtdeutschen Bevölkerung bewohnt wurde. Damit wurde deutlich, dass das Selbstbestimmungsrecht, mit dem Hitler territoriale Forderungen zuvor begründet hatte, nur der Verschleierung seiner wahren Absichten gedient hatte. Die Bezeichnung „Protektorat", d.h. „Schutzgebiet", werteten westliche Politiker als bewusste Irreführung.

Die Entfesselung des Zweiten Weltkriegs

Um ein Bündnis zwischen der Sowjetunion und den Westmächten zu verhindern, schloss das Deutsche Reich mit der UdSSR am 23. August 1939 einen Nichtangriffspakt („Hitler-Stalin-Pakt"), in dem sich beide Staaten für den Fall eines kriegerischen Konflikts gegenseitige Neutralität zusicherten. Bedeutsamer war das geheime Zusatzprotokoll, in dem sich die Unterzeichner „für den Fall einer territorial-politischen Umgestaltung" über ihre Interessenssphären in Osteuropa verständigten. Deutschland erhielt freie Hand in Westpolen und Litauen, die Sowjetunion in Ostpolen und im Baltikum. Damit war für das NS-Regime die Gefahr eines Zweifrontenkriegs gebannt.

„Polen hat nun heute Nacht zum ersten Mal auf unserem eigenen Territorium auch durch reguläre Soldaten geschossen. Seit 5.45 Uhr [tatsächlich: 4.45] wird jetzt zurückgeschossen." Mit diesen Worten rechtfertigte Hitler am 1. September 1939 den deutschen Angriff auf Polen. Als Anlass wurde ein angeblicher Überfall polnischer Soldaten

M 5 Krieg in Polen
Erschießung von polnischen Zivilisten durch deutsche Soldaten, September 1939,

auf den deutschen Rundfunksender Gleiwitz präsentiert. SS-Angehörige hatten – als polnische Soldaten getarnt – den Überfall inszeniert, um den Angriff auf Polen vor der Weltöffentlichkeit als „Verteidigungskrieg“ darzustellen.

Vom „Blitzkrieg“ zum Weltkrieg

Die erste Phase des Zweiten Weltkriegs verlief für das NS-Regime militärisch erfolgreich. Zwischen 1939 und 1941 stießen deutsche Truppen rasch nach Osten und Westen vor, ohne selbst größere Verluste zu erleiden. Ermöglicht wurden diese „Blitzkriege“ insbesondere durch den konzentrierten Einsatz einer modernen Luftwaffe in Verbindung mit schnellen Panzereinheiten. Am Anfang stand im September 1939 der deutsche Überfall auf Polen, dessen schlecht ausgerüstete Armee bereits nach vier Wochen kapitulierte. Da Großbritannien und Frankreich die Souveränität Polens garantiert hatten, erklärten sie Deutschland zwar den Krieg, griffen jedoch nicht ein.

Im Mai 1940 begann Deutschland den Feldzug gegen Frankreich. Bei ihrem Vorstoß besetzte die Wehrmacht auch die neutralen Staaten Belgien, Niederlande und Luxemburg. Der militärische Sieg über Frankreich im Juni 1940 sollte Großbritannien zum Frieden zwingen – so wollte Hitler Bewegungsfreiheit für den geplanten Krieg gegen die Sowjetunion gewinnen. Die militärischen Planungen zum Feldzug gegen die UdSSR trugen den Decknamen „Unternehmen Barbarossa“. Am 22. Juni 1941 begann der Angriff auf die Sowjetunion. Durch diesen Krieg sollte die Versorgung mit kriegswichtigen Rohstoffen sichergestellt und langfristig „Lebensraum im Osten“ gewonnen werden. Der Feldzug führte schließlich zur Kriegswende: Kein Krieg war so blutig und so folgenreich wie jener, der von 1941 bis 1945 zwischen dem Deutschen Reich und der Sowjetunion tobte. Der deutsche Historiker Christian Hartmann stellt dazu fest: „Hier ging das nationalsozialistische Deutschland unter, hier verübte es seine größten Verbrechen.“

Zitat aus:

Christian Hartmann, Unternehmen Barbarossa. Der deutsche Krieg im Osten 1941–1945, München 2011.

M 6 Vernichtungskrieg
Murmansk nach einem deutschen Luftangriff, 1942

Das Vorgehen gegen die Tschechoslowakei im Urteil von Botschaftern in Berlin

M 7 Einmarsch in Prag

Deutsche Truppen ziehen in Prag ein, Foto vom 15. März 1939.

M 8 „Absolut unmoralisch"

Der britische Botschafter in Berlin, Nevile Henderson, schrieb am 16. März 1939 an seinen Außenminister:

Ein Kommentar gegen das Vorgehen Deutschlands in der Tschechoslowakei erscheint überflüssig. Der äußerste Zynismus und die Immoralität des ganzen Vorgehens spottet jeglicher Beschreibung. [...]

Es ist schwer zu glauben, dass das Schicksal der Tschechen die übrigen slawischen Stämme nicht bewegen wird, sich untereinander zu verständigen. Wenn auch verwerflich in der Form und unwillkommen als Tatsache, so war die Eingliederung Österreichs und der Sudetendeutschen in das Reich im Prinzip keine unnatürliche Entwicklung, kein unedles Streben für die Deutschen und nicht einmal in einem ethischen Sinne unmoralisch. Beide, die Ostmark und das Sudetengebiet, sind von einer Bevölkerung bewohnt, die völlig deutsch ist und die an die Grenzen Deutschlands anstößt. Ihre Eingliederung in das Reich geschah daher in Übereinstimmung mit dem Recht der Selbstbestimmung. Die Annexion von Böhmen und Mähren liegt auf einer ganz anderen Ebene und kann nicht durch irgendeinen der Gründe gerechtfertigt werden, die einst die Opposition gegen die Eingliederung Österreichs und des Sudetenlandes schwächer machten. Sie widerspricht völlig dem Recht der Selbstbestimmung und ist absolut unmoralisch.

Zit. nach: K. Zentner, Illustrierte Geschichte des Dritten Reiches, München 1965, S. 441 f.

M 9 „Gangstermoral"

Der französischen Botschafter in Berlin, Robert Coulondre, schreibt in einem Bericht am 16. März 1939 über das deutsche Vorgehen gegen die Tschechoslowakei:

Die Tschechoslowakei, die in München zur Aufrechterhaltung des Friedens so schwere Opfer gebracht hat, besteht nicht mehr [...] Die Ereignisse, die mit blitzartiger Geschwindigkeit zu dieser Lösung geführt haben, sind charakteristisch für die Geistesverfassung und die Methoden der nationalsozialistischen Führung. Alle Staaten, die Wert auf ihre Unabhängigkeit und Sicherheit legen, müssen unverzüglich die sich aus denselben ergebenden Schlussfolgerungen gegenüber dem durch seine Erfolge berauschten Deutschland ziehen, das seine auf rassischen Grundsätzen aufgebauten Forderungen mit einem Imperialismus reinsten Wassers vertauscht hat. [...] In München haben die Naziführer und der Führer selbst geltend gemacht, es sei unmöglich, dass Tschechen und Sudetendeutsche in ein und demselben Staat nebeneinander lebten [...] Heute ist nicht mehr von der angeblich für die Befriedung des Donaubeckens und Europas unerlässlichen Trennung zwischen Deutschen und Tschechen die Rede. [...]

Deutschland hat also wieder einmal bewiesen, dass es jegliche schriftliche Vereinbarung missachtet und denselben die Methode der brutalen Gewalt und der vollendeten Tatsachen vorzieht. Es hat mit einer Handbewegung die Münchener Abkommen und den Wiener Schiedsspruch zerrissen und so aufs Neue bestätigt, dass seine Politik nur einen Leitsatz kennt, nämlich die günstige Gelegenheit abzupassen und sich jeglicher, in seiner Reichweite befindlichen Beute zu bemächtigen. Dies entspricht mit geringen Unterschieden der den Gangstern und Dschungelbewohnern gemeinsamen Moral [...]

Geschichte in Quellen, Band V, Weltkriege und Revolutionen 1914–1945, hrsg. von W. Lautemann/M. Schlenke, München 1970, S. 418.

Der „Hitler-Stalin-Pakt" – Vertrag und „Geheimes Zusatzprotokoll"

M 10 Nichtangriffsvertrag zwischen Deutschland und der Union der Sozialistischen Sowjetrepubliken

Die Deutsche Reichsregierung und die Regierung der Union der Sozialistischen Sowjetrepubliken geleitet von dem Wunsche die Sache des Friedens zwischen Deutschland und der UdSSR zu festigen und ausgehend von den grundlegenden Bestimmungen des Neutralitätsvertrages, der im April 1926 zwischen Deutschland und der UdSSR geschlossen wurde, sind zu nachstehender Vereinbarung gelangt:

Artikel I

Die beiden Vertragschließenden Teile verpflichten sich, sich jeden Gewaltakts, jeder aggressiven Handlung und jeden Angriffs gegen einander, und zwar sowohl einzeln als auch gemeinsam mit anderen Mächten, zu enthalten.

Artikel II.

Falls einer der Vertragschließenden Teile Gegenstand kriegerischer Handlungen seitens einer dritten Macht werden sollte, wird der andere Vertragschließende Teil in keiner Form diese dritte Macht unterstutzen.

Artikel III.

Die Regierungen der beiden Vertragschließenden Teile werden künftig fortlaufend zwecks Konsultation in Fühlung miteinander bleiben, um sich gegenseitig über Fragen zu informieren, die ihre gemeinsamen Interessen berühren.

Artikel IV.

Keiner der beiden Vertragschließenden Teile wird sich an irgendeiner Mächtegruppierung beteiligen, die sich mittelbar oder unmittelbar gegen den anderen Teil richtet.

Artikel V.

Falls Streitigkeiten oder Konflikte zwischen den Vertragschließenden Teilen über Fragen dieser oder jener Art entstehen sollten, werden beide Teile diese Streitigkeiten oder Konflikte ausschließlich auf dem Wege freundschaftlichen Meinungsaustausches oder nötigenfalls durch Einsetzung von Schlichtungskommissionen bereinigen.

Artikel VI.

Der gegenwärtige Vertrag wird auf die Dauer von 10 Jahren abgeschlossen mit der Maßgabe, dass, soweit nicht einer der Vertragsschließenden Teile ihn ein Jahr vor Ablauf dieser Frist kündigt, die Dauer der Wirksamkeit dieses Vertrages automatisch für weitere fünf Jahre als verlängert gilt.

Artikel VII.

Der gegenwärtige Vertrag soll innerhalb möglichst kurzer Frist ratifiziert werden. Die Ratifikationsurkunden sollen in Berlin ausgetauscht werden. Der Vertrag tritt sofort mit seiner Unterzeichnung in Kraft.

Ausgefertigt in doppelter Urschrift, in deutscher und russischer Sprache.

Moskau am 23. August 1939

Geheimes Zusatzprotokoll

Aus Anlass der Unterzeichnung des Nichtangriffsvertrages zwischen dem Deutschen Reich und der Union der Sozialistischen Sowjetrepubliken haben die unterzeichneten Bevollmächtigten der beiden Teile in streng vertraulicher Aussprache die Frage der Abgrenzung der beiderseitigen Interessenssphären in Osteuropa erörtert. Diese Aussprache hat zu folgendem Ergebnis geführt:

1. Für den Fall einer territorial-politischen Umgestaltung in den zu den baltischen Staaten (Finnland, Estland, Lettland, Litauen) gehörenden Gebieten bildet die nördliche Grenze Litauens zugleich die Grenze der Interessenssphären Deutschlands und der UdSSR. Hierbei wird das Interesse Litauens am Wilnaer Gebiet beiderseits anerkannt.

2. Für den Fall einer territorial-politischen Umgestaltung der zum polnischen Staate gehörenden Gebiete werden die Interessenssphären Deutschlands und der UdSSR ungefähr durch die Linie der Flüsse Narew, Weichsel und San abgegrenzt.
Die Frage, ob die beiderseitigen Interessen die Erhaltung eines unabhängigen polnischen Staates erwünscht erscheinen lassen und wie dieser Staat abzugrenzen wäre, kann endgültig erst im Laufe der weiteren politischen Entwicklung geklärt werden. In jedem Falle werden beide Regierung diese Frage im Wege einer freundschaftlichen Verständigung lösen.

3. Hinsichtlich des Südostens Europas wird von sowjetischer Seite das Interesse an Bessarabien betont. Von deutscher Seite wird das völlig politische Desinteresse an diesen Gebieten erklärt.

4. Dieses Protokoll wird von beiden Seiten streng geheim behandelt werden.

Moskau, den 23. August 1939

Quelle: Politisches Archiv des AA, RAM-Film Nr. 19, Bd. 3.

Der Zweite Weltkrieg – Mit thematischen Karten arbeiten

M 11

M 12

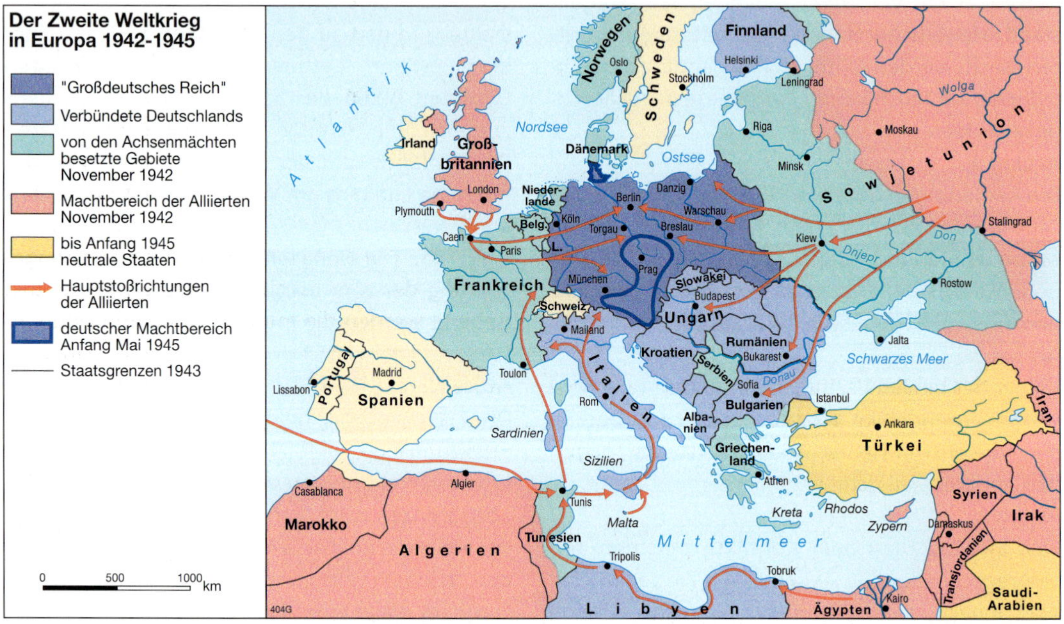

M 13

Wichtige politische und militärische Ereignisse 1939–1945 im Überblick

23.08.1939	Nichtangriffspakt Deutschland-UdSSR
01.09.1939	Deutscher Angriff auf Polen
03.09.1939	Britisch-französische Kriegserklärungen an das Deutsche Reich
27.09.1939	Bildung des Reichssicherheitshauptamtes (RSHA) in Berlin aus Gestapo, Kripo und Sicherheitsdienst (SD)
28.09.1939	Deutsch-sowjetischer Grenz- und Freundschaftsvertrag

April 1940	Deutsche Truppen besetzen Dänemark und Norwegen.
10.05.1940	Beginn der deutschen Offensive im Westen gegen Frankreich
April 1941	Eroberung Jugoslawiens und Griechenlands
22.06.1941	Deutscher Überfall auf die Sowjetunion; Einsatzgruppen der Sipo und des SD exekutieren Juden, Sinti, Roma u. kommunistische Funktionäre
14.10.1941	Deportationen deutscher Juden nach Riga beginnen, Exekutionen folgen.
23.10.1941	Emigrationsverbot für Juden
11.12.1941	Nach dem japanischen Überfall auf die US-Flotte im Pazifik erklärt Hitler den USA den Krieg.
20.01.1942	Wannsee-Konferenz in Berlin über „Endlösung der Judenfrage" in Europa
Juni 1942	Beginn der Massenvergasungen im Vernichtungslager Auschwitz-Birkenau
24.01.1943	Konferenz von Casablanca, USA und GB fordern bedingungslose Kapitulation der Achsenmächte.
31.01.1943	Kapitulation der 6. deutschen Armee in Stalingrad
18.02.1943	Propagandaminister Goebbels verkündet den „totalen Krieg".
06.06.1944	Alliierte Invasion in der Normandie
20.07.1944	Attentat von Oberst Graf Stauffenberg auf Hitler
26.11.1944	SS zerstört Krematorien in Auschwitz und vernichtet Lagerakten.
Februar 1945	Alliierte Kriegskonferenz in Jalta, Regelungen zur Besetzung Deutschlands
30.04.1945	Selbstmord Hitlers in Berlin
07./09.05.1945	Bedingungslose Kapitulation der deutschen Wehrmacht in Reims und Berlin

Aufgaben

1. a) ⊙⊙○ Teilen Sie die NS-Außenpolitik in einzelne Phasen ein und erläutern Sie diese.
   b) ⊙⊙○ Erklären Sie die Überschrift „Außenpolitik zwischen Verschleierung und Krieg".
   c) ⊙⊙○ Analysieren Sie das Bündnissystem unmittelbar vor Ausbruch des Zweiten Weltkrieges.
   d) ⊙⊙⊙ Hitlers außenpolitisches Vorgehen wird immer wieder als sehr risikoreich bezeichnet. Erörtern Sie diese Einschätzung.
   → Text
2. a) ⊙⊙○ Erläutern Sie, wie die deutschte Außenpolitik in Frankreich und England wahrgenommen wurde.
   b) ⊙⊙⊙ Die Westmächte betrieben lange eine Politik der Beschwichtigung (Appeasement). Erörtern Sie, ob diese Politik damals ihre Berechtigung hatte.
   c) ⊙⊙⊙ Diskutieren Sie dieses Problem auch anhand eines aktuellen Beispiels.
   → M8–M9
3. a) ⊙○○ Fassen Sie die wesentlichen Bestimmungen des Nichtangriffspaktes zusammen.
   b) ⊙⊙○ Erläutern Sie, warum ein geheimes Zusatzprotokoll angefertigt wurde.
   → M10
4. a) ⊙⊙○ Analysieren Sie die beiden abgebildeten Geschichtskarten.
   b) ⊙⊙⊙ Überprüfen Sie die Wahl der zugrunde gelegten Zeiträume.
   c) ⊙⊙○ Stellen Sie in einem kurzen, lexikonartigen Text den Verlauf des Zweiten Weltkrieges dar.
   → M11–M13

M 1 Berliner Denkmal für die während der NS-Zeit ermordeten Juden Europas, Foto von 2010

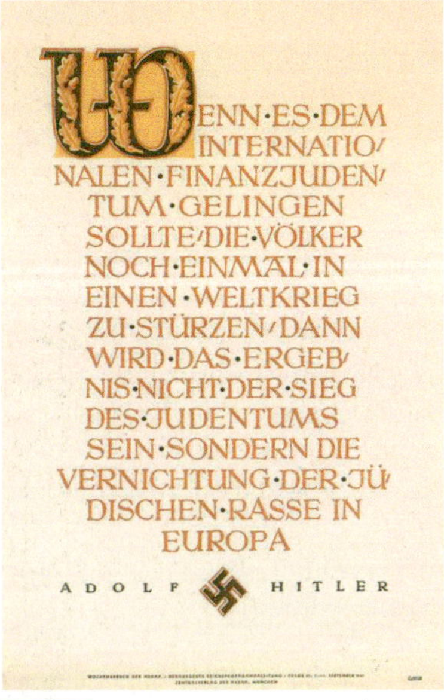

M 2 „Wochenspruch der NSDAP" vom 7.–13.9.1941
Dieser „Wochenspruch", ein Zitat aus der Hitler-Rede vom 30. Januar 1939, hing in zehntausenden Schalterhallen, Amtsstuben und Büros.

7. Die Vernichtung der Juden in Europa

Eine wie auch immer geartete „Lösung der Judenfrage", wie sich die Nationalsozialisten verschleiernd ausdrückten, war von Anfang an beabsichtigt. Es begann mit einem sich ständig erhöhenden Druck, der zur Auswanderung zwingen sollte, und es setzte sich mit konkreten Vertreibungsmaßnahmen fort. Aber erst die zunehmende Radikalisierung der Judenpolitik seit den Pogromen im November 1938, die überraschend schnellen militärischen Erfolge in Polen und in der UdSSR sowie die abgeschirmte Machtentfaltung der Wehrmacht im Osten schufen sukzessive die Voraussetzungen und die Realisierungsmöglichkeiten für die von der NS-Führung gewollte „Gesamtlösung der europäischen Judenfrage", das heißt für den größten systematischen Massenmord an den Juden in Europa.

Zu Massentötungen kam es schon bei der Besetzung Polens und der UdSSR: Den militärischen Verbänden folgten die sogenannten „Einsatzgruppen" mit ihren „Einsatzkommandos", die aus verschiedenen Polizeiverbänden bestanden. Dabei handelte es sich um mobile Tötungseinheiten, die weit über eine Million Juden und Kommunisten durch Exekutionen und mithilfe mobiler Gaswagen ermordeten, darunter auch Frauen und Kinder. Militärische Traditionen, antisemitische Einstellungen und ein rascher beruflicher Aufstieg förderten die Einsatzbereitschaft der Mordkommandos in den besetzten Ostgebieten. Manche Befehlshaber dieser „Einsatzgruppen" waren ambitionierte Akademiker, darunter insbesondere Juristen, die nach 1933 in der SS und Polizei schnell Karriere gemacht hatten. Einer dieser Führer war Otto Ohlendorf, dessen Aussagen beim Hauptkriegsverbrecherprozess und beim Einsatzgruppenprozess in Nürnberg herausragende Bedeutung bekamen.

Im Spätsommer 1941, auf dem Höhepunkt der Siegeseuphorie im Vernichtungskrieg gegen die Sowjetunion, schienen „Lebensraum" und „Endlösung", Hitlers langfristige Zielsetzungen, in greifbare Nähe zu rücken. Auch wenn kein schriftlicher Befehl Hitlers überliefert ist, beweisen die vorliegenden Quellen, dass im Herbst 1941 der Entscheidungsprozess zum Völkermord an den Juden abgeschlossen war. Als jedoch beim Wintereinbruch 1941 der Vormarsch der Wehrmacht vor Moskau stecken blieb, die Aussichten auf die Eroberung von „Lebensraum" zunehmend schwanden und die USA in den Krieg eintraten, „mag Hitler", so der deutsche Historiker Eberhard Jäckel, „die Ausrottung der Juden als das allein noch erreichbare Kriegsziel erschienen sein" (Eberhard Jäckel, Hitlers Weltanschauung, Stuttgart 1991, S. 77).

Die Wannsee-Konferenz

Für den 20. Januar 1942 hatte Reinhard Heydrich, der Chef der Sicherheitspolizei und des SD, die Spitzenvertreter der Reichsministerien, der NSDAP und der SS zu einer Konferenz in das Gästehaus der SS am Großen Wannsee in Berlin eingeladen. Zweck der Konferenz war die Koordinierung aller Maßnahmen zur Vernichtung der europäischen Juden unter Federführung der SS. Ein erhaltenes Protokoll bestätigt, dass die grundsätzliche Entscheidung zur planmäßigen Vernichtung der europäischen Juden bereits gefallen war. Aus Gründen der Geheimhaltung enthält das Dokument noch keinen Hinweis auf die Tötung durch Gas, es zeigt aber unmissverständlich, dass die beschlos-

M 3 Juden in Würzburg auf dem Weg zur Deportation
Die Deportation der deutschen Juden in die Vernichtungsstätten im besetzten Osteuropa fand oft am Tage statt, sodass die Bevölkerung dabei zusehen konnte, Foto vom 25. April 1942.

senen Maßnahmen einen millionenfachen Tod zur Folge haben sollten. Kein Vertreter der beteiligten Ministerien erhob Einspruch gegen diese Mordpläne. Mit den Tarnbezeichnungen „Evakuierung“, „Arbeitseinsatz im Osten“ oder „Abschiebung“ versuchte man, das grausige Geschehen in den Akten zu verschleiern.

Völkermord

Zwischen Frühjahr 1942 und Herbst 1944 wurden Juden aus ganz Europa in Vernichtungslager wie Auschwitz, Belzec, Chelmno, Maidanek, Sobibor oder Treblinka deportiert. Man hatte diese Lager in den besetzten und abgeschiedenen Ostgebieten errichtet, um die menschenverachtenden Verbrechen geheim zu halten. Auschwitz war Arbeits- und Vernichtungslager zugleich. Nach ihrer Ankunft wurden die Menschen „selektiert“: Wer nicht arbeitsfähig schien, kam sofort in die Gaskammern, die man als Duschräume getarnt hatte. Hier wurden die Opfer mit Giftgas getötet und die Leichen in Krematorien verbrannt. Zuvor mussten die Menschen ihren persönlichen Besitz abgeben. Den Toten wurde das Zahngold herausgebrochen, welches die SS bei der Reichsbank einschmelzen ließ. Die noch arbeitsfähigen Häftlinge mussten unter unmenschlichen Bedingungen Zwangsarbeit verrichten. Viele starben an Unterernährung, Erschöpfung, Krankheiten oder Seuchen, nicht wenige an sadistischen Quälereien oder medizinischen Experimenten. Zuverlässige Schätzungen gehen davon aus, dass bis zum Kriegsende 1945 insgesamt etwa sechs Millionen Juden umgekommen sind (vgl. Wolfgang Benz, Geschichte des Dritten Reiches, München 2000, S. 264; Martin Gilbert, Endlösung. Die Vertreibung und Vernichtung der Juden, Reinbek bei Hamburg 1982).

Kurz bevor Hitler am 30. April 1945 im Bunker der Reichskanzlei in Berlin Selbstmord beging, machte er am 29. April in seinem „politischen Testament“ das „internationale Judentum“ für den Zweiten Weltkrieg verantwortlich. Das Testament endete mit einem radikalen

M 4 Jüdische Frauen und Kinder
unmittelbar vor ihrer Ermordung in Auschwitz, 1944

antisemitischen Appell an die nachfolgende deutsche Regierung: „Vor allem verpflichte ich die Führung der Nation und die Gefolgschaft zur peinlichen Einhaltung der Rassegesetze und zum unbarmherzigen Widerstand gegen den Weltvergifter aller Völker, das internationale Judentum."

Für den Historiker Hans Mommsen war das Kriegsende 1945 ein „beispielloser Zusammenbruch" und der „Endpunkt einer Hybris" (Selbstüberhebung). Er schreibt: „Am 8. Mai 1945 brach das nationalsozialistische Herrschaftssystem sang- und klanglos zusammen. Es überlebte Hitlers Selbstmord um weniger als acht Tage in Gestalt des von Großadmiral Dönitz gebildeten Nachfolgekabinetts, das die Abwicklung der militärischen Niederlage besorgte. Die Vorgänge der letzten Wochen verdeckten, dass das Dritte Reich seit Jahren in innerer Auflösung begriffen war. Der Absturz von 1945 beendete eine einzigartige Hybris der Macht, und er trug nicht, wie die nationalsozialistische Durchhaltepropaganda suggerierte, Züge des Heroismus und der Götterdämmerung. Die propagandistische Fassade des Regimes zerfiel zu Staub, und dahinter öffnete sich eine Welt ungehemmter Korruption und persönlichen Versagens." (Hans Mommsen, in: Das Parlament vom 5. Mai 1995.)

M 5

Erklärung:

Der Massenmord an den europäischen Juden ist nicht ohne Befehle von Adolf Hitler denkbar. Himmler organisierte das Verbrechen mit seinem vereinigten SS- und Polizeiapparat. Zunächst erschossen Einheiten von SS und Polizei mithilfe der zivilen und militärischen Besatzungsverwaltungen die Juden in Osteuropa, später organisierte die Polizei mit diesen die Deportationen aus allen Ländern in die Vernichtungs- und Konzentrationslager. Viele andere Behörden arbeiteten bei den Verbrechen mit.

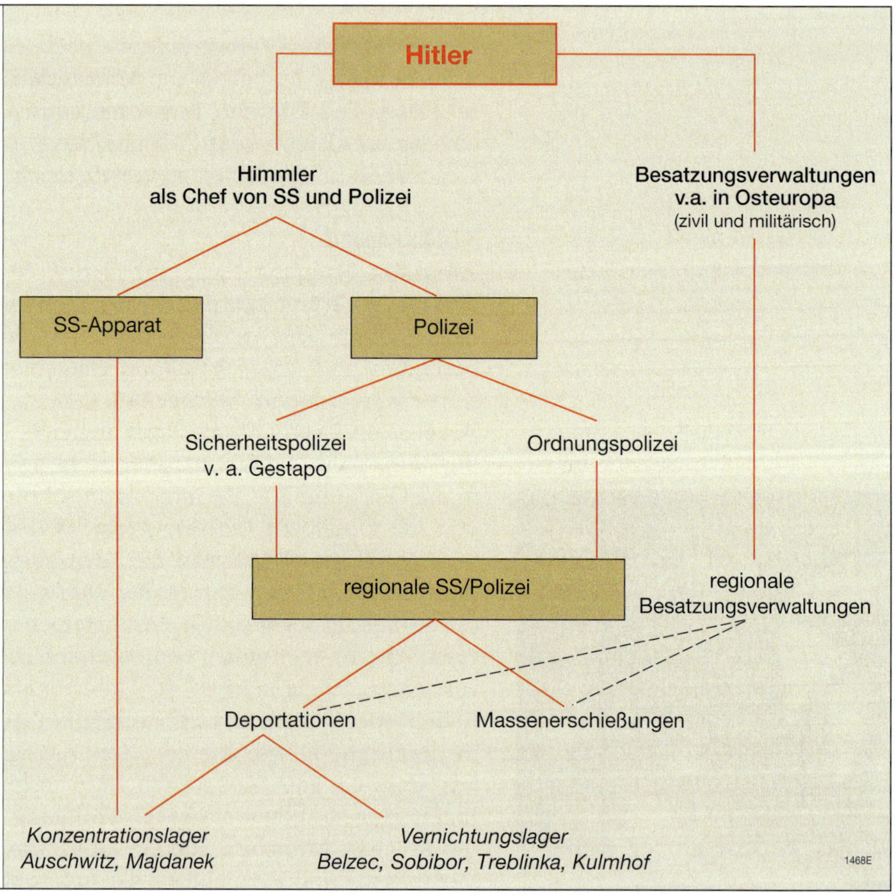

Erschießungen von Juden – Eine Deutung

M 6 Massenexekution 1942
Ein SS-Mann erschießt vor Zuschauern einen Zivilisten am Rand eines Massengrabs, vermutlich 1942.

M 7 Täter – Ein Erklärungsversuch

Der britische Historiker Niall Ferguson geht der Frage nach, wer die Erschießungen von Juden 1942 durchführte:

Am frühen Morgen des 13. Juli 1942 traf das Reserve-Polizeibataillon 101 im polnischen Dorf Józefów ein. Major Wilhelm Trapp, der Kommandeur, erklärte seinen Leuten, die Einheit habe den Befehl, die rund 1800 Juden des Ortes zusammenzutreiben. Man solle gesunde und kräftige junge Männer, etwa dreihundert an der Zahl, heraussuchen, die als Zwangsarbeiter oder „Arbeitsjuden“ zu gebrauchen seien. Alle anderen – Kranke, Alte, Frauen und Kinder – sollten auf Lastwagen zu einem Steinbruch in einem nahe gelegenen Wald gebracht und dort erschossen werden.

Das Reserve-Polizeibataillon 101 war keine harte Truppe von NS-Fanatikern. Die meisten der 486 Männer kamen aus Arbeitervierteln oder kleinbürgerlichen Wohngegenden in Hamburg. Über die Hälfte von ihnen war zwischen 37 und 42 Jahre alt, im Schnitt also deutlich älter als die Frontsoldaten. Nur wenige von ihnen waren Mitglied der NSDAP; Trapp allerdings war der Partei bereits 1932 beigetreten. Bei diesen Männern handelte es sich ohne jeden Zweifel um ganz gewöhnliche Deutsche – und um willige Vollstrecker. Nach 1945 haben Angeklagte in Kriegsverbrecherprozessen oft behauptet, sie hätten nur Befehle befolgt. Das war in Józefów nicht der Fall. Denn bevor das Töten begann, machte Trapp seinem Bataillon ein ungewöhnliches Angebot: Wer sich dem Auftrag nicht gewachsen fühle, könne vortreten und sich andere Aufgaben zuweisen lassen. Nur zwölf Männer meldeten sich.

Menschen umzubringen ist schwerer, als es in Filmen aussieht, und jenseits des Kinos dürften die meisten dieser Polizisten bislang keine Erfahrungen mit dem Töten gemacht haben. Jetzt ließen sie, das war die Standardprozedur, ihre Opfer in Reihen niederknien und schossen dann jedem Einzelnen ins Genick. [...]

Nachdem die Erschießungen begonnen hatten, baten einige weitere Männer, von ihrer Pflicht entbunden zu werden. Andere brachen zusammen und konnten nicht weitermachen. Doch die meisten hielten durch. Gegen Mittag bekamen sie Wodka, was offensichtlich half. [...]

Warum haben sie das getan? Manche Autoren behaupten, die Täter seien, wie die meisten Deutschen, durchdrungen gewesen von einem bösartigen Antisemitismus, der sich bei passender Gelegenheit in Massenmorden entladen musste. Es gibt Heimatbriefe von Soldaten, aus denen hervorgeht, wie gründlich sie Hitlers Botschaft verinnerlicht hatten. Einer schrieb über die in der Sowjetunion lebenden Juden: „Man sollte eigentlich noch viel mehr dieser Ausgeburten an die Wand stellen, als bisher geschehen ist.“ [...]

Man kann darüber streiten, wie tief solche Vorstellungen in der deutschen Kultur verankert und inwieweit sie nur das Ergebnis der Indoktrination nach 1933 waren. Wie gesehen, war sich noch nicht einmal Victor Klemperer[1] in dieser Frage sicher. Manchmal glaubte er, der Nationalsozialismus sei ein „deutsches Eigengewächs, ein Karzinom“, dann wieder heißt es, die Deutschen seien „in ihrer Gesamtheit ... bestimmt keine Judenhasser“. Eine andere Deutung, die zum großen Teil auf Zeugnissen aus der Nachkriegszeit beruht, kommt zu dem Schluss, dass diesen „gewöhnlichen Männern“ das Unrecht ihres Tuns sehr wohl bewusst war, sie ihre Bedenken aber unterdrückten – aus Furcht vor den Vorgesetzten (Verweigerung konnte sich nachteilig auf die Karriere oder auf Urlaubswünsche auswirken) ebenso wie wegen des Gruppendrucks, der von den Kameraden ausging.

(1) überlebte als Jude und hinterließ u. a. ein berühmtes Tagebuch

N. Ferguson, Krieg der Welt, Was ging schief im 20. Jahrhundert? Berlin 2006, S. 567 ff.

Täter des Massenmordes – Das Beispiel des Führers der Einsatzgruppe D Otto Ohlendorf

M 8 „Einsatzgruppe D" 1941

a) Eidesstattliche Erklärung des Chefs des Sicherheitsdienstes (SD), Otto Ohlendorf, über die Massenmorde an Juden durch die Einsatzgruppen in Russland im Prozess gegen die Hauptkriegsverbrecher in Nürnberg (5. November 1945):

Die Einsatzgruppen und Einsatzkommandos wurden von Personal der Gestapo, des SD oder der Kriminalpolizei geführt. Zusätzliche Mannschaften wurden von der Ordnungspolizei und von der Waffen-SS gestellt. Einsatzgruppe D bestand aus ungefähr 400 bis 500 Mann und verfügte über annähernd 170 Fahrzeuge.

Als die deutsche Armee in Russland einmarschierte, war ich Führer der Einsatzgruppe D im südlichen Sektor, und im Laufe des Jahres, während dessen ich Führer der Einsatzgruppe D war, liquidierte sie ungefähr 90000 Männer, Frauen und Kinder. Die Mehrzahl der Liquidierten waren Juden, aber es waren unter ihnen auch einige kommunistische Funktionäre.

In der Ausführung dieses Vernichtungsprogrammes wurden die Einsatzgruppen in Einsatzkommandos untergeteilt, und die Einsatzkommandos in noch kleinere Einheiten, die sogenannten Sonderkommandos und Teilkommandos. Gewöhnlich wurden die kleineren Einheiten von einem Angehörigen des SD, der GESTAPO oder der Kriminalpolizei geführt. Die dazu ausersehene Einheit pflegte in ein Dorf oder in eine Stadt zu kommen und den führenden jüdischen Bewohnern den Befehl zu erteilen, alle Juden zwecks Umsiedlung zusammenzurufen. Sie wurden aufgefordert, ihre Wertgegenstände den Führern der Einheit zu übergeben, und kurz vor der Hinrichtung ihre Oberkleidung auszuhändigen. Die Männer, Frauen und Kinder wurden zu einem Hinrichtungsort geführt, der sich meist neben einem vertieften Panzerabwehrgraben befand. Dann wurden sie erschossen, kniend oder stehend, und die Leichen wurden in den Graben geworfen. Ich habe in der Gruppe D das Erschießen durch Einzelpersonen nie genehmigt, sondern befohlen, dass mehrere Leute gleichzeitig schießen sollten, um direkte, persönliche Verantwortung zu vermeiden. Die Führer der Einheiten oder besonders bestimmte Personen mussten jedoch den letzten Schuss auf solche Opfer abfeuern, die nicht sofort tot waren. Ich erfuhr aus Gesprächen mit anderen Gruppenführern, dass manche von ihnen verlangten, dass die Opfer sich flach auf den Boden legten, um dann durch den Nacken geschossen zu werden. Ich billigte diese Methoden nicht.

Aus: IMT (Internationales Militär-Tribunal), Bd. XXXI, S. 39 ff.

Otto Ohlendorf in der Uniform eines SS-Brigadeführers, 1943

b) Aussage des Führers der Einsatzgruppe D, Otto Ohlendorf, über die Einsatzgruppen in Russland (Hauptkriegsverbrecherprozess, 3. Januar 1946):

Oberst Amen: Welches war die offizielle Aufgabe der Einsatzgruppen im Hinblick auf Juden und kommunistische Kommissare?

Ohlendorf: Über die Frage von Juden und Kommunisten war den Einsatzgruppen und den Einsatzkommandoführern vor dem Abmarsch mündliche Weisung erteilt.

Oberst Amen: Welches waren ihre Weisungen im Hinblick auf die Juden und die kommunistischen Funktionäre?

Ohlendorf: Es war die Weisung erteilt, dass in dem Arbeitsraum der Einsatzgruppen im russischen Territorium die Juden zu liquidieren seien, ebenso wie die politischen Kommissare der Sowjets.

Oberst Amen: Wenn Sie das Wort „liquidieren" verwenden, meinen Sie „töten"?

Ohlendorf: Damit meine ich „töten".

Oberst Amen: Nahmen Sie vor dem russischen Feldzug an einer Konferenz in Pretz teil?

Ohlendorf: Jawohl. Es war die Arbeitsbesprechung, in der den Einsatzgruppen und Einsatzkommandos die Arbeitsziele angegeben und die entsprechenden Befehle erteilt wurden.

Oberst Amen: Wer war bei dieser Besprechung anwesend?

Ohlendorf: Es waren die Einsatzgruppen-Chefs und die Einsatzkommandoführer anwesend, und vom Reichssicherheitshauptamt Streckenbach, der die Befehle Heydrichs und Himmlers überbrachte.

Oberst Amen: Wie lauteten jene Befehle?

Ohlendorf: Es waren die allgemeinen Befehle, die die Sicherheitspolizei und der SD ihrer Natur nach hatten und zusätzlich der Liquidierungsbefehl, den ich eben schon erwähnte.

Oberst Amen: Und wann ungefähr fand diese Besprechung statt?

Ohlendorf: Etwa drei oder vier Tage vor dem Abmarsch.

Oberst Amen: Sie hatten also vor dem Abmarsch in das russische Gebiet bei dieser Besprechung Befehl erhalten, neben den regulären Aufgaben der Sicherheitspolizei und des SD die Juden und kommunistischen Funktionäre auszurotten; ist das richtig?

Ohlendorf: Jawohl.

Oberst Amen: Hatten Sie jemals eine persönliche Unterhaltung mit Himmler, die sich auf eine Mitteilung Himmlers an die Chefs der Armeegruppen und Armeen bezog, und die diese Sonderaufgabe betraf?

Ohlendorf: Jawohl. Himmler hat mir mitgeteilt, dass vor Beginn des Russland-Feldzugs Hitler in einer Besprechung mit den Heeresgruppen- und Armeechefs – nicht Armeechefs – den Oberbefehlshabern diese Aufgabe mitgeteilt hat und die Oberbefehlshaber angewiesen hat, dabei entsprechende Unterstützung zu gewähren.

Oberst Amen: So können Sie also bezeugen, dass die Chefs der Armeegruppen und der Armeen in ähnlicher Weise über diesen Befehl der Liquidierung der Juden und der Sowjet-Funktionäre unterrichtet waren?

Ohlendorf: Ich glaube, dass es in dieser Form nicht richtig ist. Sie hatten keinen Liquidationsbefehl, sondern die Liquidation war Himmler für die Durchführung übertragen. Da aber die Liquidierungen im Raume des Oberbefehls der Heeresgruppe beziehungsweise der Armee stattfanden, wurde den Armeen die Unterstützung befohlen. Abgesehen davon, dass ohne diese Anweisung an die Armee ein Tätigwerden der Einsatzgruppen in diesem Sinne nicht möglich gewesen wäre.

Oberst Amen: Hatten Sie sonst noch jemals eine andere Besprechung mit Himmler in Bezug auf diesen Befehl?

Ohlendorf: Jawohl. Im Spätsommer 1941 war Himmler in Nikolajew. Er ließ die Führer und Männer der Einsatzkommandos antreten und wiederholte ihnen den gegebenen Liquidationsbefehl mit dem Hinweis, dass Führer und Männer, die an der Liquidation beteiligt seien, keinerlei persönliche und eigene Verantwortung für die Durchführung dieses Befehls trugen. Die Verantwortung trüge er allein zusammen mit dem Führer.

Oberst Amen: Und Sie selbst hörten, wie das gesagt wurde?

Ohlendorf: Jawohl.

Oberst Amen: Wissen Sie, ob diese Mission der Einsatzgruppe den Befehlshabern der Armeegruppen bekannt war?

Ohlendorf: Dieser Befehl und die Durchführung dieser Befehle war dem Oberbefehlshaber der Armee bekannt.

Aus: IMT, Bd. IV, S. 350 f.

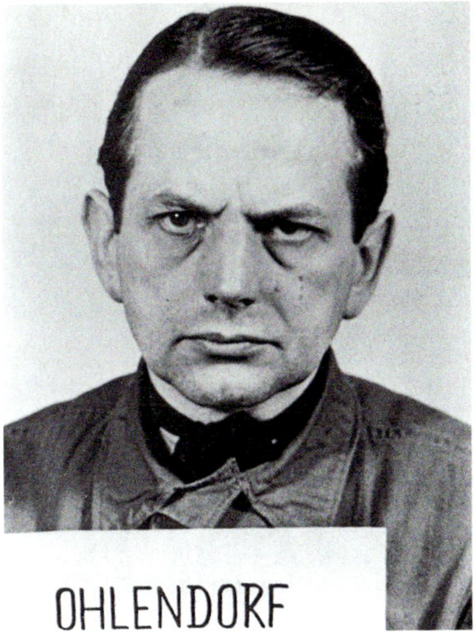

Otto Ohlendorf als Angeklagter im Einsatzgruppen-Prozess, 1946

Otto Ohlendorf (1907–1951)

1907	geb. in Hoheneggelsen (Kreis Hildesheim) als Sohn eines Landwirts
1917–1928	Gymnasium Andreanum Hildesheim, Abitur
1925	Eintritt in die NSDAP und die SA
1926	Eintritt in die SS (Nr. 880)
1928–1931	Studium der Rechts- u. Staatswissenschaften in Leipzig und Göttingen (1. Staatsprüfung)
1933–1935	Assistent an wirtschaftswissenschaftlichen Instituten in Kiel bzw. Berlin
1936	Wirtschaftsreferent beim Sicherheitsdienst (SD) der SS
1939–1945	Leiter des Amtes III (Deutsche Lebensgebiete) im Reichssicherheitshauptamt
1941/42	Leiter der Einsatzgruppe D der Sicherheitspolizei und des SD in der UdSSR
1942	SS-Brigadeführer und Generalmajor der Polizei
1945	Britische Kriegsgefangenschaft
1946	Zeuge der Anklage im Nürnberger Hauptkriegsverbrecherprozess
1947	Angeklagter im Einsatzgruppenprozess
1951	Hinrichtung in Landsberg/Lech

M 9 **Einladung zur Konferenz**

Der Chef der Sicherheitspolizei und des SD, Reinhard Heydrich, schrieb am 8. Januar 1942 aus Prag an den Unterstaatssekretär Martin Luther, Leiter der Deutschland-Abteilung im Auswärtigen Amt. Anlass war die geplante Konferenz am 20. Januar 1942 zur Koordinierung (Abstimmung) der Deportation und Ermordung der europäischen Juden in den Vernichtungslagern.
Der Brief entstand in Prag, wo Heydrich in Personalunion als amtierender Reichsprotektor für Böhmen und Mähren residierte.
Der Stempel „Geheim" unterstreicht die herausragende Bedeutung des Schreibens, das nicht für die Öffentlichkeit bestimmt war.
Der Eingangsstempel des Auswärtigen Amts weist darauf hin, dass das am 12. Januar 1942 eingetroffene Schreiben im Referat D III, d.h. in der Deutschland-Abteilung, federführend bearbeitet wurde. Dieses Referat im AA war zuständig für alle „Judenangelegenheiten".

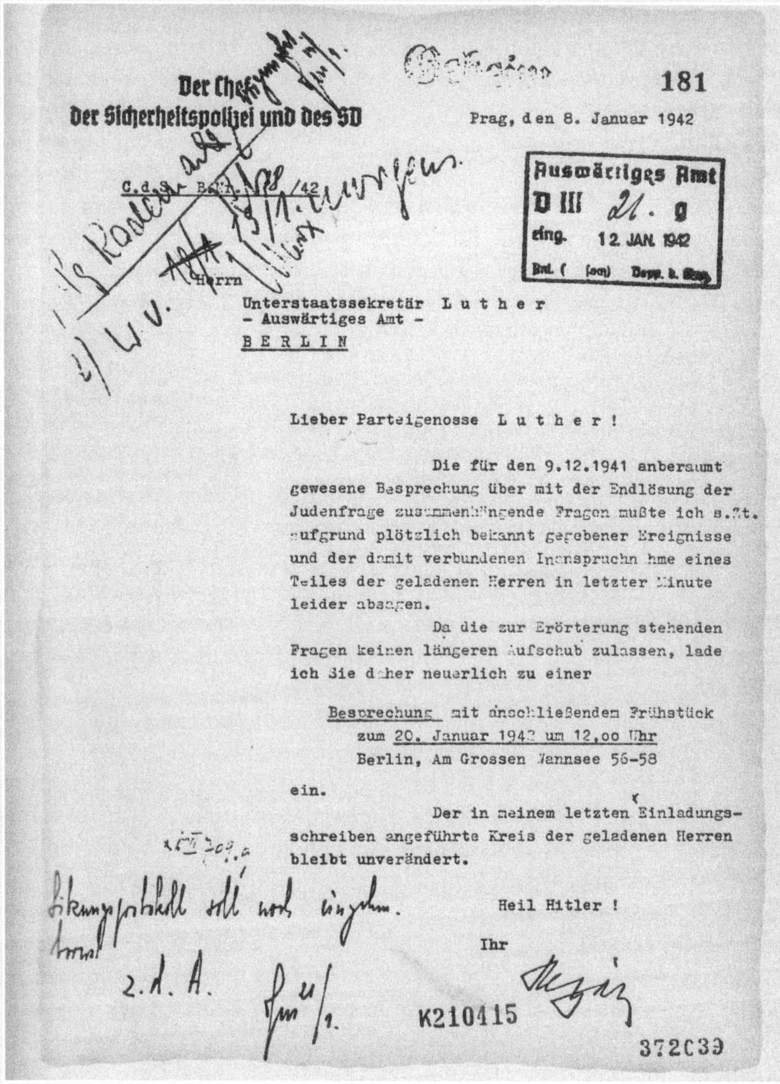
181

Der Chef der Sicherheitspolizei und des SD

Prag, den 8. Januar 1942

C.d.S. B. /42

Auswärtiges Amt
D III 21. g
eing. 12. JAN. 1942

Herrn
Unterstaatssekretär Luther
- Auswärtiges Amt -
BERLIN

Lieber Parteigenosse Luther!

Die für den 9.12.1941 anberaumt gewesene Besprechung über mit der Endlösung der Judenfrage zusammenhängende Fragen mußte ich s.Zt. aufgrund plötzlich bekannt gegebener Ereignisse und der damit verbundenen Inanspruchnahme eines Teiles der geladenen Herren in letzter Minute leider absagen.

Da die zur Erörterung stehenden Fragen keinen längeren Aufschub zulassen, lade ich Sie daher neuerlich zu einer

Besprechung mit anschließendem Frühstück
zum 20. Januar 1942 um 12,00 Uhr
Berlin, Am Grossen Wannsee 56-58

ein.

Der in meinem letzten Einladungsschreiben angeführte Kreis der geladenen Herren bleibt unverändert.

Heil Hitler!

Ihr

K210415

372039

M 10 **Eine Transkription**

In einem wissenschaftlichen Band zur Wannsee-Konferenz findet sich folgende Transkription der handschriftlichen Vermerke (2002):

Zweites Einladungsschreiben Heydrichs an Luther vom 8. Januar 1942

Politisches Archiv R100857, Bl. 181 [= Archivsignatur]

Transkription der handschriftlichen Vermerke (Absendervermerk Chef der Sicherheitspolizei, Versand erfolgte aus Prag, wo Heydrich als Stellvertretender Reichsprotektor amtierte; oben roter Stempel „Geheim", Eingangsstempel mit Datum, 12. Januar 1942):

Oben:
1) Pg. Rademacher z. Kts [zur Kenntnis]
2) W. V. [Wiedervorlage] 18/1 [gestrichen], 19/1 morgens [Paraphe Luther]

Rechts neben 1):
Vorgemerkt [Paraphe Rademacher] 14/1

Unten:
D III 709.g [Ablagevermerk der ersten Einladung]
Sitzungsprotokoll soll noch eingehen. Vorerst z. d. A [zu den Akten]
[Paraphe Rademacher] 21/1 [Legationsrat Franz Rademacher war 1942 „Judenreferent" im AA]
Unten rechts eigenhändige Unterschrift: Heydrich

Mark Roseman, Die Wannsee-Konferenz. Wie die NS-Bürokratie den Holocaust organisierte, München/Berlin 2002, S. 163.

M 11 Die Wannsee-Konferenz

Auszüge aus dem Protokoll über die Wannsee-Konferenz vom 20. Januar 1942:

Geheime Reichssache
Besprechungsprotokoll.

I. An der am 20.1.1942 in Berlin, Am Großen Wannsee Nr. 56/58, stattgefundenen Besprechung über die Endlösung der Judenfrage nahmen teil:

Gauleiter Dr. Meyer und Reichsamtsleiter Dr. Leibbrandt
Reichsministerium für die besetzten Ostgebiete

Staatssekretär Dr. Stuckart
Reichsministerium des Innern

Staatssekretär Neumann
Beauftragter für den Vierjahresplan

Staatssekretär Dr. Freisler
Reichsjustizministerium

Staatssekretär Dr. Bühler
Amt des Generalgouverneurs

Unterstaatssekretär Luther
Auswärtiges Amt

SS-Oberführer Klopfer
Partei-Kanzlei

Ministerialdirektor Kritzinger
Reichskanzlei

SS-Gruppenführer Hofmann
Rasse- und Siedlungshauptamt

SS-Gruppenführer Müller
SS-Obersturmbannführer Eichmann
Reichssicherheitshauptamt

SS-Oberführer Dr. Schöngarth
Befehlshaber der Sicherheitspolizei und des SD im Generalgouvernement
Sicherheitspolizei und SD

SS-Sturmbannführer Dr. Lange
Kommandeur der Sicherheitspolizei und des SD für den Generalbezirk Lettland, als Vertreter des Befehlshabers der Sicherheitspolizei und des SD für das Reichskommissariat Ostland
Sicherheitspolizei und SD.

II. Chef der Sicherheitspolizei und des SD, SS-Obergruppenführer Heydrich, teilte eingangs seine Bestellung zum Beauftragten für die Vorbereitung der Endlösung der europäischen Judenfrage durch den Reichsmarschall [Hermann Göring] mit und wies darauf hin, dass zu dieser Besprechung geladen wurde, um Klarheit in grundsätzlichen Fragen zu schaffen. Der Wunsch des Reichsmarschalls, ihm einen Entwurf über die organisatorischen, sachlichen und materiellen Belange im Hinblick auf die Endlösung der europäischen Judenfrage zu übersenden, erfordert die vorherige gemeinsame Behandlung aller an diesen Fragen unmittelbar beteiligten Zentralinstanzen im Hinblick auf die Parallelisierung der Linienführung.

Die Federführung bei der Bearbeitung der Endlösung der Judenfrage liege ohne Rücksicht auf geografische Grenzen zentral beim Reichsführer-SS und Chef der Deutschen Polizei (Chef der Sicherheitspolizei und des SD).

Der Chef der Sicherheitspolizei und des SD gab sodann einen kurzen Rückblick über den bisher geführten Kampf gegen diesen Gegner. Die wesentlichsten Momente bilden

a) die Zurückdrängung der Juden aus den einzelnen Lebensgebieten des deutschen Volkes,
b) die Zurückdrängung der Juden aus dem Lebensraum des deutschen Volkes.

Im Vollzug dieser Bestrebungen wurde als einzige vorläufige Lösungsmöglichkeit die Beschleunigung der Auswanderung der Juden aus dem Reichsgebiet verstärkt und planmäßig in Angriff genommen.

Auf Anordnung des Reichsmarschalls wurde im Januar 1939 eine Reichszentrale für jüdische Auswanderung errichtet, mit deren Leitung der Chef der Sicherheitspolizei und des SD betraut wurde. Sie hatte insbesondere die Aufgabe

a) alle Maßnahmen zur Vorbereitung einer verstärkten Auswanderung der Juden zu treffen,
b) den Auswanderungsstrom zu lenken,
c) die Durchführung der Auswanderung im Einzelfall zu beschleunigen.

Das Aufgabenziel war, auf legale Weise den deutschen Lebensraum von Juden zu säubern.

Über die Nachteile, die eine solche Auswanderforcierung mit sich brachte, waren sich alle Stellen im Klaren. Sie mussten jedoch angesichts des Fehlens anderer Lösungsmöglichkeiten vorerst in Kauf genommen werden. [...]

Inzwischen hat der Reichsführer-SS und Chef der Deutschen Polizei im Hinblick auf die Gefahren einer Auswanderung im Kriege und im Hinblick auf die Möglichkeiten des Ostens die Auswanderung von Juden verboten.

III. Anstelle der Auswanderung ist nunmehr als weitere Lösungsmöglichkeit nach entsprechender vorheriger Genehmigung durch den Führer die Evakuierung der Juden nach dem Osten getreten. Diese Aktionen sind jedoch lediglich als Ausweichmöglichkeiten anzusprechen, doch werden hier bereits jene praktischen Erfahrungen gesammelt, die im Hinblick auf die kommende Endlösung der Judenfrage von wichtiger Bedeutung sind.
Im Zuge dieser Endlösung der europäischen Judenfrage kommen rund 11 Millionen Juden in Betracht, die sich wie folgt auf die einzelnen Länder verteilen:

A.

Altreich	131.800
Ostmark	43.700
Ostgebiete	420.000
Generalgouvernement	2.284.000
Bialystok	400.000
Protektorat Böhmen und Mähren	74.000
Estland	– judenfrei –
Lettland	3.500
Litauen	34.000
Belgien	43.000
Dänemark	5.600
Frankreich / Besetztes Gebiet	165.000
Unbesetztes Gebiet	700.000
Griechenland	69.600
Niederlande	160.800
Norwegen	1.300

B.

Bulgarien		48.000
England		330.000
Finnland		2.300
Irland		4.000
Italien einschl. Sardinien		58.000
Albanien		200
Kroatien		40.000
Portugal		3.000
Rumänien einschl. Bessarabien		342.000
Schweden		8.000
Schweiz		18.000
Serbien		10.000
Slowakei		88.000
Spanien		6.000
Türkei (europ. Teil)		55.000
Ungarn		742.800
UdSSR		5.000.000
Ukraine	2.994.684	
Weißrussland ausschl. Bialystok	446.484	
Zusammen		über 11.000.000

[...]

Unter entsprechender Leitung sollen nun im Zuge der Endlösung die Juden in geeigneter Weise im Osten zum Arbeitseinsatz kommen. In großen Arbeitskolonnen, unter Trennung der Geschlechter, werden die arbeitsfähigen Juden straßenbauend in diese Gebiete geführt, wobei zweifellos ein Großteil durch natürliche Verminderung ausfallen wird.
Der allfällig endlich verbleibende Restbestand wird, da es sich bei diesem zweifellos um den widerstandsfähigsten Teil handelt, entsprechend behandelt werden müssen, da dieser, eine natürliche Auslese darstellend, bei Freilassung als Keimzelle eines neuen jüdischen Aufbaus anzusprechen ist.
(Siehe die Erfahrung der Geschichte.)
Im Zuge der praktischen Durchführung der Endlösung wird Europa vom Westen nach Osten durchgekämmt. Das Reichsgebiet einschließlich Protektorat Böhmen und Mähren wird, allein schon aus Gründen der Wohnungsfrage und sonstigen sozial-politischen Notwendigkeiten, vorweggenommen werden müssen.
Die evakuierten Juden werden zunächst Zug um Zug in sogenannte Durchgangsghettos verbracht, um von dort aus weiter nach dem Osten transportiert zu werden.
Wichtige Voraussetzung, so führte SS-Obergruppenführer Heydrich weiter aus, für die Durchführung der Evakuierung überhaupt ist die genaue Festlegung des in Betracht kommenden Personenkreises.
Es ist beabsichtigt, Juden im Alter von über 65 Jahren nicht zu evakuieren, sondern sie einem Altersghetto – vorgesehen ist Theresienstadt – zu überstellen.
Neben diesen Altersklassen [...] finden in den jüdischen Altersghettos weiterhin die schwerkriegsbeschädigten Juden und Juden mit Kriegsauszeichnung (EK I) [Soldaten im Ersten Weltkrieg] Aufnahme.

Politisches Archiv des Auswärtigen Amtes, R 100857.

Arbeit mit Textquellen

Textquellen oder schriftliche Quellen sind für die wissenschaftliche Forschung von zentraler Bedeutung. Sie umfassen die verschiedensten Gattungen, von Notizen bis hin zu erzählenden Werken, von Tagebuchaufzeichnungen bis hin zu politischen Reden, von Parteiprogrammen bis hin zu Lebenserinnerungen. Die vorliegende Einladung zur Wannsee-Konferenz (die auf Seite 76 als Faksimile abgebildet ist) und das Protokoll der Konferenz sind im Politischen Archiv des Auswärtigen Amts in Berlin überliefert und heute für die zeitgeschichtliche Forschung zugänglich. Es handelt sich folglich um Archivdokumente, die sich durch ein hohes Maß an Authentizität und Aussagekraft auszeichnen.

Reinhard Heydrich, Chef der Sicherheitspolizei und des SD (Sicherheitsdienst) sowie amtierender „Reichsprotektor für Böhmen und Mähren", lud zum 20. Januar 1942 die höchsten Vertreter der Reichsministerien, der NSDAP und der SS in das Gästehaus der SS am Großen Wannsee in Berlin ein, um seine zentrale und federführende Zuständigkeit bei der Koordinierung (Abstimmung) der Deportation und Ermordung der europäischen Juden in den Vernichtungslagern durchzusetzen und Einvernehmen mit den Zentralinstanzen herzustellen. Der verschleiernde Terminus „Endlösung der Judenfrage", d. h. die Ermordung der Juden in Europa, betraf zu über 90 % ausländische Juden.

Arbeitsschritte und Fragestellungen zur Interpretation von Textquellen

1. Die Textquelle durchlesen und den Inhalt verstehen

a) Was steht im Einladungsschreiben konkret?
b) Was wird im Protokoll im Einzelnen festgehalten?
c) Was ist die zentrale Information im Protokoll?
d) Erläutern Sie anhand der Texte, dass es sich dabei um einen Geschäftsbrief bzw. um ein Protokoll handelt.

2. Die Entstehung und Überlieferung der Textquelle klären

a) Wann ist das Einladungsschreiben entstanden, wann das Protokoll?
b) Wer hat das Einladungsschreiben verfasst, wer das Protokoll?
c) Wie viele Exemplare existieren noch?
d) Was bedeuten die handschriftlichen Vermerke auf dem Einladungsschreiben?

3. Den Kontext und die historischen Bezüge der Textquelle erläutern

a) In welcher konkreten Situation wurde die Sitzung anberaumt?
b) Was war das Ziel der Sitzung?
c) Wer nahm an der Sitzung teil?
d) Welche Folgerungen lassen sich aus der Teilnehmerliste ziehen?
e) Welche Konsequenzen hatte die Sitzung?

4. Die Textquelle zusammenfassend interpretieren

a) Welche Bedeutung hatte die Sitzung für den Massenmord an den Juden?
b) Welche Bedeutung hat die Quelle für unser heutiges Wissen?
c) „Auf der Wannsee-Konferenz wurde der Judenmord beschlossen." Setzen Sie sich aufgrund der Kenntnis des Textes mit dieser Aussage auseinander.

Deportation – Verhalten der deutschen Bevölkerung

M 12 Deportationen

Bericht des Sicherheitsdienstes der SS über die Reaktion der Bevölkerung auf den Abtransport der Juden aus dem Raum Detmold vom 31. Juli 1942:

Aus Lemgo wird berichtet, dass der Abtransport der letzten Juden innerhalb der Bevölkerung größtes Aufsehen erregt habe. Die Juden wurden vor ihrem Abtransport auf dem Marktplatz in Lemgo gesammelt. Diese Tatsache gab der Bevölkerung Veranlassung, sich recht zahlreich hierzu auf dem Marktplatz einzufinden. Es konnte beobachtet werden, dass ein großer Teil der älteren Volksgenossen (darunter sollen sich auch Parteigenossen befunden haben) die Maßnahme des Abtransportes der Juden aus Deutschland allgemein negativ kritisierte [...].
Gegen den Abtransport wurde mehr oder weniger offen mit allen möglichen Begründungen Stellung genommen. So wurde gesagt, dass die Juden in Deutschland ja sowieso zum Aussterben verurteilt seien und diese Maßnahme, die für die Juden eine besondere Härte bedeutete, sich daher erübrige. Selbst solche Volksgenossen, die bei jeder passenden und unpassenden Gelegenheit früher ihre nationalsozialistische Gesinnung herausgestellt hätten, hätten in dieser Hinsicht Partei für die Interessen der Juden bzw. kirchlich gebundenen Volksgenossen genommen. Innerhalb kirchlich gebundener Kreise wurde geäußert: „Wenn das deutsche Volk nur nicht eines Tages die Strafe Gottes zu gewärtigen hat. Sie täten ja keiner Fliege etwas zuleide".
Auch seien sehr viele Juden dabei, die viel Gutes getan hätten und die noch lange nicht so schlecht seien, als die „Weißen Juden". Diese müsse man dann auch abtransportieren und in ein Lager stecken. Ein bezeichnender Fall der Stellungnahme für die Juden ereignete sich bei dem Abtransport derselben in Sabbenhausen. Hier hatte die Frau des Lehrers H. versucht, den Juden Wurst und andere Lebensmittel zu bringen. Nach Mitteilung des Ortsgruppenleiters Sch. wurde Frau H. polizeilich festgenommen. Eine Überprüfung dieses Vorfalls ist eingeleitet und es erfolgt nach genauen Feststellungen weitere Berichterstattung.

Institut für Zeitgeschichte, München, MA 1534, 736 f.

M 13 Deportation der Juden aus Wiesbaden

Am 29. August 1942 müssen sich Wiesbadener Juden in der Synagoge in der Friedrichstraße versammeln und registrieren lassen (oben links). Am nächsten Tag werden sie vom Schlachthofgelände aus deportiert (rechts oben und unten). Der Fotograf war vermutlich Beamter der Sicherheits- oder Ordnungspolizei, Fotos vom 29. und 30. August 1942.

Orte des Terrors und der Vernichtung – Mit einer thematischen Karte arbeiten

M 14

Auschwitz – Mit einer wissenschaftlichen Darstellung arbeiten

M 15 Die Ermordung der Juden

Die Historikerin Sybille Steinbacher schreibt in ihrem Buch „Auschwitz. Geschichte und Nachgeschichte" (2004):

Ende März 1942 trafen die ersten vom Reichssicherheitshauptamt organisierten Massentransporte in Auschwitz-Birkenau ein: In der Nacht vom 25. auf den 26. März kamen 1000, zwei Tage später rund 800 Jüdinnen aus der Slowakei an, am 30. März folgten mehr als 1100 jüdische Männer und Frauen verschiedener Staatsangehörigkeit aus französischen Internierungslagern. Die Juden, deren Arbeitseinsatzfähigkeit vom Reichssicherheitshauptamt ausdrücklich verlangt worden war, wurden nicht sofort ermordet, sondern registriert und in das Lager aufgenommen. Systematische Vernichtungsaktionen setzten im Mai 1942 ein – Opfer waren Juden aus Ostoberschlesien, der Slowakei, Frankreich, Belgien und den Niederlanden – und wurden ab Juli 1942 zur Regel.

Dass Massentransporte aus Westeuropa ab Sommer 1942 nach Auschwitz-Birkenau geleitet wurden, hatte vermutlich pragmatische Gründe, denn nach der Frühjahrsoffensive der Wehrmacht behinderte eine Transportsperre den Weg nach Majdanek und in die Lager der „Aktion Reinhard". Auschwitz-Birkenau diente allem Anschein nach als Ausweichstätte. Die Mordtechnik wurde nun ausgeweitet und die Tötungskapazität vergrößert.

Am 17. und 18. Juli 1942 kam Himmler zu einer zweitägigen Inspektion ins Lager. Er besichtigte die landwirtschaftlichen Betriebe und genehmigte einige Bauvorhaben, im Mittelpunkt aber stand die Vorführung einer Massenvernichtung. An einem Transport aus den Niederlanden ließ er sich die Etappen demonstrieren: von der Selektion bis zur Tötung in der Gaskammer von „Bunker 2" und dem Einsatz des Sonderkommandos. Beim Abendempfang im Haus des Gauleiters von Oberschlesien, Fritz Bracht, soll sich der Reichsführer SS höchst zufrieden geäußert haben. Ehe er am nächsten Tag mit führenden IG-Farben-Managern die Baustelle in Monowitz besichtigte, beförderte er Lagerkommandant Höß zum SS-Obersturmbannführer. Kurz darauf bestimmte Himmler, dass das Generalgouvernement, mit Ausnahme einiger Sammellager, bis Jahresende „judenfrei" zu sein habe.

In Auschwitz stieg die Zahl der Massentransporte von Juden aus ganz Europa von Monat zu Monat. Hatten Juden bis zum Beginn der Vernichtungsaktionen nur einen kleinen Teil der Häftlinge gebildet, stellten sie fortan die größte Gruppe. Ankommende Transporte wurden nun nicht mehr registriert und nummeriert, sondern unmittelbar nach der Selektion ermordet. Auf die Transporte aus Westeuropa folgten Juden aus Ländern, mit denen Deutschland verbündet war und deren Regierungen in die Deportation eingewilligt hatten: Rumänien, Kroatien, Finnland und Norwegen, später Bulgarien, Italien und Ungarn. Weitere Länder und Regionen kamen hinzu, darunter zur Jahreswende 1942/43 Jugoslawien, Dänemark, Griechenland und der südliche Teil Frankreichs.

Deutsche Juden trafen in einem vom Reichssicherheitshauptamt organisierten Transport erstmals Mitte Juli 1942 aus Wien ein. Vermutlich im Zusammenhang mit regionalen „judenpolitischen" Maßnahmen in Oberschlesien waren im Februar 1942 bereits deutsche Juden aus Beuthen nach Auschwitz transportiert worden. Im November und Dezember 1942 folgten aus Berlin die ersten Massentransporte des Altreichs. Nachdem im Oktober 1942 der Befehl ergangen war, die im Altreich gelegenen Konzentrationslager „judenrein" zu machen, wurden die knapp 2000 dort inhaftierten Juden nach Auschwitz-Birkenau gebracht. Wegen drastischen Arbeitskräftemangels revidierte das Regime diese Maßnahme im März 1944; jüdische Häftlinge kamen dann zurück in die Lager, um für die Rüstungsindustrie zu arbeiten, vor allem im Untertagebau (insbesondere in Mittelbau-Dora, das zu Buchenwald gehörte, und Kaufering, ein Außenlager-Komplex von Dachau).

Ein Durchgangslager in die Massenvernichtung von Auschwitz-Birkenau war das Getto Theresienstadt. Inhaftiert wurden hier alte Juden aus dem Reichsinneren, auch jüdische Soldaten des Ersten Weltkriegs mit ihren Familien, ferner „Mischlinge", die nach den Nürnberger Gesetzen als Juden galten, sowie jüdische Ehegatten aufgelöster sogenannter Mischehen und Juden aus dem Protektorat Böhmen und Mähren. Die Deportationen aus Theresienstadt begannen am 8. September 1943. Knapp 18000 Männer und Frauen wurden in das sogenannte Familienlager gebracht, den gesonderten Lagerabschnitt BIIb in Birkenau. Ungewöhnlich war – zumindest vorläufig – ihre Behandlung: Die Theresienstädter Juden wurden weder nach Geschlechtern getrennt noch selektiert, auch ihr Gepäck mussten sie nicht abgeben, ihre Zivilkleidung durften sie behalten, und die Kinder konnten bei den Erwachsenen bleiben. Sie erhielten allerlei Vergünstigungen, und nur einige wurden in Arbeitskommandos eingeteilt. Es gab eine Schule und einen Kindergarten, untergebracht in einer Baracke, die mit Märchenszenen ausgemalt werden durfte.

Ähnlich wie das Getto Theresienstadt diente das „Familienlager" in Birkenau den Propagandazwecken des Regimes. Ziel war es, weltweit kursierende Nachrichten über die Ermordung der Juden zu entkräften. Etwa ein halbes Jahr lang währten die Privilegien der Juden aus Theresienstadt, dann löste die SS das „Familienlager" in zwei Etappen auf; fast alle Insassen wurden im März und Juli 1944 ermordet, etwa 3000 in andere Lager überstellt.

Im Sommer 1944 erreichte die Massenvernichtung einen letzten Höhepunkt. Bis zu 10 000 ungarische Juden traten täglich an der neu errichteten „Judenrampe" zur Selektion an. Zwischen 15. Mai und 9. Juli trafen insgesamt rund 438 000 Menschen ein, etwa 15 Prozent wurden in das Lager aufgenommen, alle anderen sofort getötet. Ihre Ermordung war eine der größten Vernichtungsaktionen überhaupt. Ungarn hatte die Deportationen trotz massiven deutschen Drucks lange verweigert. Nachdem das Land aber militärisch besetzt und eine Satrapenregierung gebildet worden war, begannen die Vernichtungstransporte auch dort – geleitet von Adolf Eichmann, dem Organisator der Judentransporte im Reichssicherheitshauptamt. Hochrangig besetzt war die Koordination des Massenmords auch im Lager selbst: Rudolf Höß kam für diese Sonderaufgabe nach Auschwitz zurück. Innerhalb weniger Wochen hatte Höß seine Mission erfüllt; ausgezeichnet mit dem Kriegsverdienstkreuz erster und zweiter Klasse verließ er das Lager am 29. Juli 1944 wieder in Richtung Berlin.

Die schwierige Transportlage hinderte das Reichssicherheitshauptamt nicht, noch im Sommer 1944 Juden von Rhodos, Korfu, Kreta und anderen griechischen Inseln nach Auschwitz-Birkenau zu deportieren. 60 000 bis 70 000 Juden aus Lodz, dem letzten aufgelösten Getto im besetzten Polen, kamen im September und Oktober 1944 ins Lager, außerdem Juden aus der Slowakei. Ein Zug mit rund 2000 Juden aus Theresienstadt war am 30. Oktober 1944 der letzte jüdische Massentransport, vermutlich auch der letzte, der selektiert wurde.

Sybille Steinbacher, Auschwitz. Geschichte und Nachgeschichte, München 2004, S. 84 ff.

Aufgaben

1. a) ⊙○○ Geben Sie die im Text genannten Stationen des Massenmordes an den europäischen Juden wieder.
   b) ⊙⊙○ Erläutern Sie anhand der Grafik M5 die Entscheidungswege, die zum Holocaust führten. Charakterisieren Sie die Rolle Hitlers.
   → Text, M5
2. ⊙⊙⊙ Für den Massenmord an den Juden werden verschiedene Begriffe gebraucht: „Endlösung", Holocaust, Shoah. Informieren Sie sich über Herkunft und Bedeutung der Begriffe. Diskutieren Sie, welche Bezeichnung Ihrer Meinung nach angemessen ist.
   → Internet oder Lexikon
3. ⊙⊙○ Charakterisieren Sie die Täter, die für den Massenmord verantwortlich bzw. daran beteiligt waren.
   → M6–M7
4. a) ⊙⊙○ Erläutern Sie die Rolle von Otto Ohlendorf beim Massenmord.
   b) ⊙⊙○ Analysieren Sie, wie sein Handeln nach 1945 geahndet wurde.
   c) ⊙⊙⊙ Erhielt Ohlendorf eine gerechte Strafe? Setzen Sie sich kritisch mit dieser Frage auseinander
   → M8
5. ⊙⊙○ Analysieren Sie die Bild- und Textquellen im Hinblick auf den Ablauf der Deportationen und die Reaktionen der Bevölkerung.
   → M12–M13
6. ⊙⊙○ Analysieren Sie die Karte: Wo lagen die Konzentrations-, wo die Vernichtungslager? Was lässt sich aus der geografischen Lage schließen?
   → M14
7. a) ⊙○○ Fassen Sie zusammen, wie der Massenmord in Auschwitz ablief.
   b) ⊙⊙○ Charakterisieren Sie den Stil der Darstellung von Sybille Steinbacher.
   c) ⊙⊙⊙ Halten Sie die Darstellungsweise für angemessen? Begründen Sie Ihre Meinung.
   → M15

M 16 **„Selbstbildnis mit Judenpass"**, Gemälde (Ausschnitt) von Felix Nussbaum, August 1943

Ein Opfer des Massenmords - Felix Nussbaum

Das „Selbstbildnis mit Judenpass", entstanden 1943 in Brüssel, ist das wohl bekannteste Bild von Felix Nussbaum, in dem er den drohenden Holocaust künstlerisch vor Augen führt. Das Bild spiegelt seine wirkliche Situation wider: Auf dem nächtlichen Weg zwischen Versteck und Atelier lief Felix Nussbaum stets Gefahr, kontrolliert und verhaftet zu werden. Wie ein Gefangener in die Ecke gedrängt, ausweglos, zeigt er dem Betrachter demonstrativ seinen Pass mit dem roten Stempel, der ihn als Juden in französischer und niederländischer Sprache ausweist. Den Judenstern soll er zwar besessen, aber nie getragen haben. Nicht ängstlich schaut er den Betrachter an, sondern voller Selbstbewusstsein, provozierend. Er will kein Mitleid erwecken, denn Mitleiden des Betrachters würde den Realitätsgehalt des Bildes verfremden. Das Bild ist ein Ausdruck des Widerstandes, eine Anklage gegen die Mörder. Stilistisch ist sein Werk der Neuen Sachlichkeit zuzuordnen (vgl. auch Peter Junk/Wendelin Zimmer, Felix Nussbaum 1904–1944. Die Biografie, Bramsche 2009).

Felix Nussbaum

1904	geboren in Osnabrück, aufgewachsen in einem jüdisch-liberalen Elternhaus
1922–1927	Kunststudien in Hamburg und Berlin
1932	Stipendium der Villa Massimo in Rom
seit 1933	Exil in Italien, Frankreich und Belgien
1937	Eheschließung mit der Malerin Felka Platek in Brüssel
1940–1944	Leben und Arbeit im Versteck, untergetaucht in Brüssel
20. Juni 1944	Denunziation, Verhaftung durch deutsche Sicherheitspolizei
31. Juli 1944	Deportation in das Vernichtungslager Auschwitz-Birkenau
2. August 1944	Tod

M 17 Felix-Nussbaum-Haus in Osnabrück

Das am 16. Juli 1998 eröffnete Felix-Nussbaum-Haus in Osnabrück beherbergt über 200 Werke des Malers, Foto von 2011.

M 18 „Stolpersteine" der Familie Nussbaum in Osnabrück

Aufgaben

1. ⊙⊙⊙ Sammeln Sie Materialien zu Felix Nussbaum und erstellen Sie ein Plakat bzw. eine kleine Ausstellung.

„Intentionalisten" und „Strukturalisten" – wissenschaftliche Darstellungen vergleichen

M 19 Wissenschaftliche Darstellungen

a) In den 1970er-Jahren entstand eine heftige Kontroverse darüber, ob Hitler Planer und „Motor der gnadenlosen Judenverfolgung" (Werner Jochmann) war, oder ob der Holocaust ohne festen Plan von rivalisierenden Machtgruppen in einer Phase „kumulativer Radikalisierung" (Hans Mommsen) während des Zweiten Weltkriegs durchgeführt wurde. Die „Intentionalisten" betonen, dass die nationalsozialistische Politik allein von Hitler bestimmt worden sei und seinen ideologisch begründeten Plänen folgte. Die „Strukturalisten" deuten den Verlauf der Politik weniger aus Hitlers Plänen, sondern aus dem Zusammenwirken mehrerer Faktoren, insbesondere der Polykratie und des Ämterpluralismus in der nationalsozialistischen Herrschaftsstruktur. Der Historiker Wolfgang Michalka schreibt (1985):

Unauflösbar verbunden mit der Besatzungspolitik war die nationalsozialistische Rassenpolitik und damit der Mord an den europäischen Juden. Der Krieg gab Hitler und seinen Helfershelfern die Möglichkeit, die rassenpolitischen Zielsetzungen durch die Vernichtung angeblich „rassenschädlicher" Volksteile zu verwirklichen.

Die sogenannte Euthanasie führte mit der Errichtung der ersten Gaskammern auf deutschem Boden in ihren Methoden, aber auch in ihren Zielvorstellungen direkt zu den Gaskammern der späteren Vernichtungslager. Die Bedeutung der Tötung von geistes- oder erbkranken Anstaltsinsassen lag zunächst darin, dass zum ersten Mal die Ermordung Tausender von Menschen „legal" zugelassen und von Hitler selbst angeordnet wurde. Es ist aber angesichts des unfassbaren Ausmaßes der praktizierten Judenvernichtung letztlich unerheblich, ob der Befehl, der zur „Endlösung der Judenfrage" führte, nun von Hitler selbst, schriftlich oder mündlich, erteilt wurde. Entscheidend ist, dass der Weg zum Holocaust, der zwar nicht geradlinig und unbedingt planmäßig verlief, langfristig und nicht erst seit 1933 geebnet war. Die nationalsozialistische Rassenideologie, das Herrschaftssystem des Dritten Reiches und vor allem die eskalierende Brutalisierung des Krieges schufen eine mentale Disposition, die eine Germanisierungspolitik und, damit verbunden, eine Ausrottungspolitik ermöglichte.

Das Dritte Reich, Band 2, Weltmachtanspruch und nationaler Zusammenbruch 1939–1945, hg. von Wolfgang Michalka, München 1985, S. 232.

b) Der Historiker Eberhard Jäckel schreibt (1991):

Sicher ist, dass Hitlers Antisemitismus, wie er in „Mein Kampf" vorgetragen wurde, kriegerische Züge trug. Er ging vom Kriege aus, verlangte kriegerische Methoden, sollte im Krieg verwirklicht werden, und es war daher folgerichtig, dass er im nächsten Kriege, der ja von Anfang an vorgesehen war, seinen blutigen Höhepunkt erreichte. Hitler kündigte das übrigens [...] rechtzeitig an. Am 30. Januar 1939, als die Kriegsvorbereitungen weit genug gediehen schienen, erklärte er feierlich und öffentlich vor dem Großdeutschen Reichstag in Berlin [...] „die Vernichtung der jüdischen Rasse in Europa." Das Protokoll habe an dieser Stelle „anhaltenden stürmischen Beifall" vermerkt.

Die nationalsozialistische Judenpolitik lässt sich in drei große Phasen gliedern. In den Friedensjahren waren die Juden ihrer staatsbürgerlichen Rechte beraubt und systematisch zur Auswanderung aus Deutschland getrieben worden. Nach Kriegsbeginn folgte eine kurze Phase der Ausweisung, als deren geplanter Abschluss die Deportation der europäischen Juden auf die Insel Madagaskar, die deutsches Mandatsgebiet werden sollte, vorgesehen schien. Dies ließ sich indessen nicht verwirklichen, und Hitler hatte ohnehin längst eine viel radikalere Lösung ins Auge gefasst. Diese dritte Phase der Ermordung, die sogenannte Endlösung der Judenfrage, wurde bezeichnenderweise im selben Augenblick wie die Endlösung des außenpolitischen Konzepts, der Eroberungskrieg gegen die Sowjetunion, im Sommer 1941 eingeleitet. Die beiden Kernpunkte von Hitlers Programm wurden gleichzeitig in die Tat umgesetzt.

Eberhard Jäckel, Hitlers Weltanschauung. Entwurf einer Herrschaft, Stuttgart 1991, S. 72 f.

c) Der Historiker Hans Mommsen schreibt (1991):

Der Zustand notorischer Unsicherheit über die jeweils erkämpfte Machtposition [...] bewirkte bei den Satrapen des Regimes einen beständigen Wettlauf um die Gunst des Führers. Er veranlasste fast alle hohen Funktionäre des Regimes, sich durch die Propagierung radikaler Maßnahmen hervorzutun. [...] Die kumulative Radikalisierungstendenz, die sich eben aus der andauernden Führungsrivalität herleitete, fand daher ein besonderes Ventil in der Judenfrage. [...]

Hitler pflegte die rivalisierenden Macht- und Hoheitsträger zu Initiativen zu ermuntern und nur

dann einzuschreiten, wenn ihm wichtig erscheinende politische Prioritäten dadurch gefährdet schienen oder wenn offene Konflikte auftraten, die die propagandistische Geschlossenheit des Regimes in Frage gestellt hätten. [...]
Die Protagonisten [Vorkämpfer] einer brutalen Unterdrückungs- und Ausrottungspolitik innerhalb der Partei- und SS-Apparate und im Oberkommando der Wehrmacht trafen ein unerwartet geringes Maß an Widerstand an und konnten sich bei der Durchführung antijüdischer Aktionen in der Regel auf die direkte oder indirekte Kooperation der Truppe stützen. Der Antibolschewismus, der aufs Engste mit dem Antisemitismus verknüpft war, bildete ein zentrales Motiv für die Bereitschaft, völkerrechtliche und humanitäre Gesichtspunkte im Ostkrieg preiszugeben.

Hans Mommsen, Hitlers Stellung im nationalsozialistischen Herrschaftssystem, in: Der Nationalsozialismus und die deutsche Gesellschaft. Ausgewählte Aufsätze, herausgegeben von Lutz Niethammer und Bernd Weisbrod, Reinbek bei Hamburg 1991, S. 81–91.

d) Der US-amerikanische Historiker Christopher Browning schreibt (2006):

Welche Rolle spielte Hitler in dieser verhängnisvollen Entwicklung? Als Verkörperung der NS-Ideologie, unermüdlicher Agitator und Triebkraft der Parteigetreuen hat er die unablässige Suche nach der „Endlösung" ohne Zweifel legitimiert und vorangetrieben. Seine Besessenheit in der „Judenfrage" gewährleistete, dass das Engagement der Nationalsozialisten nie nachließ und die Suche nach einer Lösung für dieses selbst geschaffene Problem, wie auch immer sie aussehen mochte, niemals in den Hintergrund trat oder auf unbestimmte Zeit verschoben wurde. Kein führender Nationalsozialist konnte es sich erlauben, nicht wenigstens den Anschein zu erwecken, als würde er die „Judenfrage" genauso ernst nehmen wie Hitler. So übte Hitler schon durch seine bloße Existenz einen beständigen Druck auf das politische System aus, der unter den Getreuen und Ehrgeizigen zu einem Wettstreit um den radikalsten Vorschlag sowie die brutalste und umfassendste Umsetzung der Judenpolitik führte. Bei vielen – den „wahren Gläubigen" – entsprach dieses Engagement für die „Endlösung" einer tiefen Überzeugung. Für die bedingungslos und treu Ergebenen handelte es sich um eine Frage der völligen Identifizierung mit Hitler. Eugenikern und Bevölkerungsplanern bot sich die Gelegenheit, jenen Teil ihrer Vorstellungen zu verwirklichen, der sich mit denen Hitlers deckte. Techniker aller Art sahen eine Möglichkeit, ihre Fähigkeiten unter Beweis zu stellen. Und für zahllose andere bedeutete die „Endlösung" nicht mehr als eine zynische Übung in politischem Karrierismus, Opportunismus und Anpassung. Die Resultate der unterschiedlichen Antriebe liefen letztlich auf das Gleiche hinaus. Die Fixierung auf eine Art von „Endlösung" durchdrang das gesamte Regime, und ein großer Teil der deutschen Bevölkerung akzeptierte diese Schwerpunktsetzung.
Doch Hitler nahm auch unmittelbar Einfluss. Von September 1939 bis Oktober 1941 spielte er eine aktive und kontinuierliche Rolle im Entscheidungsprozess. Tatsächlich fand keine maßgebliche Veränderung in der nationalsozialistischen Judenpolitik ohne seine Intervention und Zustimmung statt. Aus dieser Beteiligung lassen sich zwei grundsätzliche Schlussfolgerungen ziehen. Die erste betrifft Hitlers Vorgehensweise: Er signalisierte seine Wünsche durch relativ ungenaue und verschlüsselte Äußerungen, Mahnungen und Prophezeiungen. Andere, insbesondere Himmler, besaßen ein außerordentlich feines Gespür für diese Signale und reagierten darauf umgehend, indem sie Hitler detailliertere Richtlinien zur Genehmigung vorlegten. [...]
Ein zweites Muster, das den Entscheidungsprozess durchzog, bildet die zeitliche Korrelation zwischen militärischen Erfolgen und Radikalisierung der Judenpolitik. [...] Die Radikalisierung der nationalsozialistischen Rassenpolitik erfolgte also in jenen Phasen, in denen die Wehrmacht ihre größten militärischen Erfolge erzielte und sich ein euphorisierter Hitler versucht und ermutigt fühlte, einen immer drastischeren politischen Kurs einzuschlagen. Als der „Vernichtungskrieg" in der Sowjetunion schließlich in vollem Gang war und Hitler ganz Europa zuzufallen schien, schwanden noch verbliebene Hemmungen. [...]
Doch Ende Oktober brach die Serie militärischer Erfolge plötzlich überraschend schnell ab. [...]
Es gab keinen Weg nach Moskau. Für das europäische Judentum kam die Kriegswende indessen zu spät. Die Sowjetunion war gerettet, nicht aber die Juden Europas. Die Nationalsozialisten hatten sich inzwischen auf ein Programm festgelegt, das zwar der Euphorie des bevorstehenden Sieges entstammte, aber in der Niederlage verwirklicht werden sollte.

Christopher Browning, Die Entfesselung der „Endlösung". Nationalsozialistische Judenpolitik, München 2006, S. 605 ff.

Wer hatte in Deutschland Kenntnis vom Massenmord?

M 20 Rundfunkansprache von Thomas Mann

Der deutsche Schriftsteller Thomas Mann ging 1933 ins amerikanische Exil. Der britische Rundfunk BBC brachte regelmäßig deutschsprachige Sendungen für die Bevölkerung im Reich, darunter auch Ansprachen von Mann. Seit Herbst 1941 behandelte Thomas Mann dabei auch die Massenverbrechen des Nationalsozialismus. Dabei waren zwar die grundsätzlichen Informationen richtig, man kannte aber noch nicht alle Details der Massenmorde (Sendung vom 27. September 1942):

In Paris wurden binnen weniger Tage 16 000 Juden zusammengetrieben, in Viehwagen verladen und abtransportiert. Wohin? Das weiß der deutsche Lokomotiv-Führer, von dem man sich in der Schweiz erzählt. Er ist dorthin entflohen, weil er mehrmals Züge voller Juden zu fahren hatte, die auf offener Strecke hielten, hermetisch verschlossen und dann durchgast wurden. Der Mann hatte es nicht mehr ausgestanden. Aber seine Erfahrungen sind keineswegs außerordentlich. Ein genauer und authentischer Bericht liegt vor über die Tötung von nicht weniger als 11 000 polnischen Juden mit Giftgas. Sie wurden auf ein besonderes Exekutionsfeld bei Konin im Distrikt Warschau gebracht, in luftdicht verschlossene Wagen gesteckt und binnen einer Viertelstunde in Leichen verwandelt. Man hat die eingehende Beschreibung des ganzen Vorganges, der Schreie und Gebete der Opfer und des gutmütigen Gelächters der SS-Hottentotten, die den Spaß zur Ausführung brachten. – Und da wundert ihr Deutschen euch, entrüstet euch sogar darüber, dass die zivilisierte Welt beratschlagt, mit welchen Erziehungsmethoden aus den deutschen Generationen, deren Gehirne vom Nationalsozialismus geformt sind, aus moralisch völlig begrifflosen und missgebildeten Killern also, Menschen zu machen sind?

Thomas Mann, Deutsche Hörer!, Stockholm 1945, S. 73.

M 21 Rede des Kölner Gauleiters Josef Grohé

Mit Beginn der Deportation der Juden machten viele NS-Führer in der Öffentlichkeit Andeutungen über deren Schicksal. Bei der Kundgebung in Köln am 28. September 1941 waren mehrere Tausend Einwohner anwesend:

In Köln allein sind ja rund 6000 Juden, die uns die Lebensmittel wegessen, die größtenteils nichts tun, sondern die Leute belästigen. Die haben ja jetzt den Judenstern. Sie haben ja jetzt den Judenstern gesehen und viele kommen nun entsetzt und sagen: „Um Gottes Willen, so viele Juden habe ich ja noch nie in Köln gesehen, wie jetzt auf einmal." [...]

Also der Judenstern war schon höchst angebracht und jetzt sehen wir, wie massenhaft sie noch herumlaufen. Und die Entfernung aus den festen Häusern, die wir in Köln durchführen, hat den Grund darin, dass wir unsere deutschen Volksgenossen, deren Wohnungen durch Fliegerbomben zerstört wurden, zunächst einmal feste Wohnungen geben wollen. Beifall [...]

Ah, ich glaube, der Jude hat nun lange genug gelacht, das Lachen wird ihm alsbald vergehen, wir werden ihn alsbald los sein und eher fühlen wir uns nicht sauber hier!

Wenn ich vom Juden spreche, habe ich das Gefühl, ich müsste mir die Hände waschen. Es ist tatsächlich so, es gibt nichts Verwerflicheres und Erbärmlicheres in der Welt wie dieses Judenvolk und es gibt nichts Gutmütigeres als den Deutschen, der auch da wieder frägt [sic !], ja, kann man das nicht etwas milder machen. Wir gehen mit dem Ungeziefer ja auch nicht so um und nichts anderes als Ungeziefer ist der Jude. Ungeziefer im deutschen Volk und Ungeziefer in den anderen Völkern.

Aber dieser Krieg, der den Sieg Deutschlands bringt, bringt den Sieg des Hakenkreuzes über Europa und damit den Untergang des Judentums.

Tonaufnahme, NS-Dokumentationszentrum der Stadt Köln

M 22 Vertrauliche Information der Parteikanzlei

Seit Spätsommer 1942 kursierten immer mehr Gerüchte über die Massenmorde, die im besetzten Osteuropa begangen wurden, auch innerhalb des Deutschen Reiches. Deshalb versuchte die Führung der NSDAP, mit einer Sprachregelung dem entgegenzutreten, 9.10.1942:

Im Zuge der Arbeiten an der Endlösung der Judenfrage werden neuerdings innerhalb der Bevölkerung in verschiedenen Teilen des Reichsgebiets Erörterungen über „sehr scharfe Maßnahmen" gegen die Juden besonders in den Ostgebieten angestellt.

Die Feststellungen ergaben, dass solche Ausführungen – meist in übertriebener und entstellter Form – von Urlaubern der verschiedenen im Osten eingesetzten Verbände weitergegeben werden, die selbst Gelegenheit hatten, solche Maßnahmen zu beobachten. [...] Um jeder Gerüchtebildung in diesem Zusammenhang, die oftmals bewusst tendenziösen Charakter trägt, entgegentreten zu können, werden die nachstehenden Ausführungen zur Unterrichtung über den derzeitigen Sachstand wiedergegeben: [...] Beginnend mit dem Reichsgebiet und überleitend auf die übrigen in die Endlösung einbezogenen europäischen Länder werden die Juden laufend nach dem Osten in große, zum Teil vorhandene, zum Teil noch zu errichtende Lager transportiert, von wo aus sie entweder zur Arbeit eingesetzt oder noch weiter nach dem Osten verbracht werden. Die alten Juden sowie Juden mit hohen Kriegsauszeichnungen (E.K.I., Goldene Tapferkeitsmedaille usw.) werden laufend nach der im Protektorat Böhmen und Mähren gelegenen Stadt Theresienstadt umgesiedelt.

Es liegt in der Natur der Sache, dass diese teilweise sehr schwierigen Probleme im Interesse der endgültigen Sicherung unseres Volkes nur mit rücksichtsloser Härte gelöst werden können.

Vertrauliche Informationen der Partei-Kanzlei, München, Folge 66/42, 5.10.1942.

M 23 Umfrage über den Zeitpunkt erster Informationen über den Massenmord an Juden

(nach Jahr der Befragung in %)

	(1) 1961 30+ J.	(2) 1988 60+ J.	(3) 1991 60+ J.	(4) 1995 64+ J.	(5) 1996 65+ J.
Vor Ende des Krieges	32	34	40	35	32
Nach Ende des Krieges	58	51	48	57	65
Weiß nicht/Keine Angabe	10	15	12	8	3
(N=)	100 (1418)	100 (565)	100 (585)	100 (196)	100 (258)

Die untere Altersgrenze der Befragten ist jeweils unterhalb des Jahres der Befragung aufgeführt.

Frageformulierungen:

(1–3): „Können Sie sich erinnern: Wann haben Sie zum allerersten Mal etwas von der Massenvernichtung der Juden gehört? Ich meine nicht Einzelheiten, sondern ganz allgemein, dass es überhaupt vorkam". Als Antwortkategorien standen zur Verfügung: „zum ersten Mal zwischen 1933 und 1939" bzw. „bis 1939 vor dem Krieg", „zwischen 1940 bis vor 1945" bzw. „1940 bis 1944 während des Krieges", „1945" bzw. „1945, unmittelbare Kriegszeit", „nach 1945". Für die vorliegende Tabelle wurden alle Werte für „vor 1945" zu-sammengefasst.

(4) „Wann haben Sie von den Verbrechen der Nazis erfahren?" Antwortkategorien: „Erst nach dem Krieg", „Noch während der Nazi-Zeit".

(5) „Nun noch zu einem anderen Thema, dem Schicksal der Juden im Nationalsozialismus. Wie war das bei Ihnen persön lich? Haben Sie selbst damals etwas von der Verschleppung der Juden mitbekommen, haben Sie damals von anderen etwas darüber gehört oder haben Sie erst nach dem Krieg davon er-fahren? Und wie war das mit den Massenerschießungen von Juden beim Überfall auf die Sowjetunion? Und wie war das mit der Vernichtung der Juden in den Konzentrationslagern?" Antwortkategorien: selbst mitbekommen, damals davon gehört, später erst erfahren. (Hier: bei Massenerschießungen und/oder Vernichtung in KZ „selbst mitbekommen" und „davon gehört" zusammengefasst.)

Nach: Karl-Heinz Reuband, Gerüchte und Kenntnisse vom Holocaust in der deutschen Gesellschaft vor Ende des Krieges. Eine Bestandsaufnahme auf Basis von Bevölkerungsumfragen, in: Jahrbuch für Antisemitismusforschung 9 (2000), S. 196–233, hier 222.

Aufgaben

1. a) ⊙○○ Fassen Sie die Aussagen der Historiker in wenigen Sätzen knapp zusammen.
   b) ⊙⊙○ Erläutern Sie, was mit „Intentionalisten" und „Strukturalisten" gemeint ist.
   c) ⊙⊙⊙ Welche Position ist Ihrer Meinung nach am überzeugendsten? Begründen Sie Ihre Meinung.
   → M19
2. a) ⊙⊙○ Wer hatte Kenntnis vom Massenmord? Beantworten Sie diese Frage mithilfe der Materialien.
   b) ⊙⊙⊙ Arbeiten Sie heraus, wie die Informationen über den Massenmord verbreitet bzw. wie sie staatlich gelenkt wurden. Berücksichtigen Sie dabei die Art der jeweiligen Quelle.
   c) ⊙⊙⊙ Beurteilen Sie den entsprechenden Aussagewert der jeweiligen Quelle.
   → M20–M22
3. a) ⊙⊙○ Erläutern Sie die Tabelle.
   b) ⊙⊙⊙ Entwickeln Sie Schlussfolgerungen über das Wissen der Bevölkerung während des Krieges, die sich aus der Meinungsumfrage nach dem Krieg ergeben.
   → M23

M 1 Umbenennung
In Trier werden unter alliierter Bewachung Überbleibsel des „Dritten Reiches" entfernt, Mai 1945.

8. Deutsches Selbstverständnis zwischen Untergang, Last und Befreiung

Die „Zweite Geschichte"

Neben der Vorgeschichte des „Dritten Reiches" gibt es auch eine Nachgeschichte, die inzwischen um ein Vielfaches länger ist als jene zwölf Jahre der NS-Herrschaft von 1933 bis 1945. Schon bei der Gründung der beiden deutschen Staaten 1949 zeigte sich, wie stark die Auseinandersetzung mit der nationalsozialistischen Vergangenheit das Selbstverständnis der Deutschen bestimmt. Diese „Zweite Geschichte" hat das Nachkriegsdeutschland wie kein anderes Thema herausgefordert. Dabei spielten verschiedene Aspekte eine Rolle, z. B.:

- die juristische Ahndung der NS-Verbrechen,
- die politische Auseinandersetzung mit der nationalsozialistischen Diktatur,
- das Gedenken an die Opfer und
- die Verarbeitung der nationalsozialistischen Gewaltherrschaft in Wissenschaft und Kultur.

„Deutsches Selbstverständnis"?

Doch was bedeutet „deutsches Selbstverständnis"? Ein einheitliches, einvernehmliches und zeitlos gültiges Selbstverständnis kann es aus verschiedenen Gründen nicht geben. Wer das nationalsozialistische Regime im Gefängnis, in einem Konzentrationslager oder auf der Flucht in die Emigration erlebt hat, erinnert sich an diese Zeit anders als jene, die im „Dritten Reich" Karriere machten oder sich durch Hitlers Dotationen korrumpieren ließen. Die Erinnerungen und Geschichtsbilder der Zeitzeugen variierten zum Kriegsende 1945 zwischen Befreiung und Untergang, zwischen Erlösung und Internierung. Auch für Historiker sind Analyse und Deutung der Zeitgeschichte einem Wandel unterworfen. So führen neue Quellenfunde, z. B. nach der Öffnung von Archiven, häufig zu neuen Fragestellungen und Befunden, bisweilen auch zu Kontroversen.

M 2 Nationale Mahn- und Gedenkstätte Buchenwald
Nach 1958 wurde in der DDR die Nationale Mahn- und Gedenkstätte zur größten deutschen KZ-Gedenkstätte ausgebaut. Vor dem Turm der Freiheit befindet sich die von Fritz Cremer entworfene Plastik der befreiten Häftlinge.

Bundesrepublik Deutschland und DDR

Auf verfassungsrechtlicher Ebene fällt es dagegen leichter, das Selbstverständnis der deutschen Teilstaaten seit 1949 zu definieren. Die Bundesrepublik Deutschland legitimierte sich aus der Negation und Überwindung des nationalsozialistischen Regimes. Das Grundgesetz bildete – vornehmlich durch die Artikel 1 bis 21 (u. a. Meinungs- und Pressefreiheit, Gewaltenteilung, Volkssouveränität, demokratische Rechtsstaatlichkeit, Parteienpluralismus, Widerstandsrecht) – ein deutliches Gegenmodell zum nationalsozialistischen Unrechtsregime. Dennoch verstand sich die Bundesrepublik als Rechtsnachfolgerin des Deutschen Reiches, das die Alliierten 1945 aufgelöst hatten. Infolgedessen sah sich die Bundesrepublik von Anfang an mit der Erblast der nationalsozialistischen Diktatur konfrontiert. Zu nennen sind dabei vor allem die Rentenzahlungen und Entschädigungen sowie die Leistungen zur Wiedergutmachung für Opfer des Zweiten Weltkrieges und des Völkermordes an den europäischen Juden.

Die DDR verstand sich hingegen als antifaschistische Neugründung und lehnte eine unmittelbare Verantwortung für die Folgen der Hitler-Diktatur ab. Die Verfassung von 1968 verwies darauf, „auf ihrem Gebiet den deutschen Militarismus und Nazismus ausgerottet" zu haben (Art. 6). Die offizielle Lehre, dass der Faschismus eine extreme Form des Kapitalismus sei, ließ der Geschichtsschreibung in der DDR keinen Raum für die zentrale Rolle des Antisemitismus in der nationalsozialistischen Politik. Erst 1990 hat die frei gewählte, also demokratisch legitimierte Volkskammer der DDR diese ideologische Blockade aufgehoben und mit einer sehr bemerkenswerten Erklärung korrigiert, die in der deutschen Nachkriegsgeschichte ihresgleichen sucht: „Durch Deutsche ist während der Zeit des Nationalsozialismus den Völkern der Welt unermessliches Leid zugefügt worden. Nationalismus und Rassenwahn führten zum Völkermord, insbesondere an den Juden aus allen europäischen Ländern, an den Völkern der Sowjetunion, am polnischen Volk und am Volk der Sinti und Roma." Zugleich bekannte sich die Erklärung „im Namen der Bürgerinnen und Bürger dieses Landes zur Mitverantwortung für die Demütigung, Vertreibung und Ermordung jüdischer Frauen, Männer und Kinder. [...] Wir bitten die Juden in aller Welt um Verzeihung. Wir bitten das Volk in Israel um Verzeihung für Heuchelei und Feindseligkeit der DDR-Politik gegenüber dem Staat Israel und für die Verfolgung und Entwürdigung jüdischer Mitbürger auch nach 1945 in unserem Lande."

M 3 Berliner Denkmal für die während der NS-Zeit ermordeten Juden Europas, Foto von 2008

1945 – Niederlage oder Befreiung?

M 4 „1945 und wir"

Der Historiker Norbert Frei schreibt über Einstellungen der Deutschen zum „Dritten Reich" (2005):

„Wer sind denn wirklich die Kriegsverbrecher?" So fragte rhetorisch, im Oktober 1952, Bernhard Ramcke beim ersten Nachkriegstreffen der Waffen-SS in Verden an der Aller. Die Antwort des Fallschirmjäger-Generals a. D. war damals weit über seine Zuhörerschaft hinaus populär: Jene, „die ohne taktische Gründe ganze Städte zerstörten, die die Bomben auf Hiroshima warfen und neue Atombomben herstellen".

Solch scheinmoralische Kritik an den Siegermächten war Anfang der Fünfzigerjahre im Westen Deutschlands keine Seltenheit, aber auch im Osten anzutreffen – dort freilich seitens des Regimes propagandistisch streng begrenzt auf das Stichwort „Dresden" und die Kriegführung von Briten und Amerikanern. Handelte es sich in der DDR um den „von oben" gelenkten Versuch, jüngstvergangene deutsche Leiderfahrung im Sinne der aktuellen Ost-West-Konfrontation politisch auszumünzen, so in der Bundesrepublik um das „von unten" artikulierte Verlangen nach Rücknahme der politischen Säuberungsanstrengungen der westlichen Alliierten, das in der Forderung nach Freilassung der seit 1945 verurteilten Kriegsverbrecher gipfelte. Unter der Oberfläche allerdings ging es in diesen Diskursen hier wie dort um mehr, nämlich um sozialpsychische Schuldentlastung auf sozusagen breitester Front.

Denn während die außenpolitische Räson der beiden neuen Staaten es gebot, der „Opfer der nationalsozialistischen Gewaltherrschaft" beziehungsweise der „Opfer des Faschismus" zu gedenken, erwartete die Mehrheit der vormaligen Volksgemeinschaft wie selbstverständlich die Anerkennung aller ihrer Opfer – auch jener, die sich für die Sache des Nationalsozialismus geopfert hatten.

Das größte Interesse an dieser Politik der Schuldeinebnung lag bei der um 1905 geborenen Funktionsgeneration des Nationalsozialismus, die die Geschicke der westdeutschen Gesellschaft noch lange bestimmte (und auch im Osten nicht ohne Einfluss blieb). Es war in aller Regel diese Altersgruppe, aus der – anders als heute vielfach behauptet: keineswegs erst nach Jahrzehnten, sondern regelmäßig seit Gründung der Bundesrepublik – das Argument des tu quoque [„auch Du"] und der Hinweis auf Bombenkrieg, Flucht und Vertreibung kam, wenn sich das offizielle Bonn zu einem verantwortungsvollen Umgang mit der „jüngsten Geschichte" bekannte. Mit ihrer reflexartigen Schuldabwehr, die Besucher wie Hannah Arendt schon in den ersten Nachkriegsjahren konstatierten, später mit dem beredten Schweigen auf die Fragen der eigenen Kinder, verstellten sich wohl die meisten aus diesen Jahrgängen, die an Hitler geglaubt und das System getragen hatten, die Möglichkeit einer echten Trauer auch über das eigene Leid.

Norbert Frei, 1945 und wir. Das Dritte Reich im Bewusstsein der Deutschen, München 2005, S. 26 f.

M 5 Zeichnung von F. Behrendt, Frankfurter Allgemeine Zeitung, 1985

Zur juristischen Ahndung der NS-Verbrechen

M 6 Internationaler Gerichtshof gegen die Hauptkriegsverbrecher, Nürnberg, 1.10.1946

Die Hauptkriegsverbrecher: Hermann Göring (Reichsmarschall, bis kurz vor Kriegsende designierter Nachfolger Hitlers), Rudolf Heß (Hitlers Stellvertreter als Parteivorsitzender – er war 1941 nach England geflogen), Joachim von Ribbentrop (Reichsaußenminister seit 1938), Robert Ley[1] (Reichsorganisationsleiter der NSDAP und Führer der Deutschen Arbeitsfront), Wilhelm Keitel (Chef des Oberkommandos der Wehrmacht), Ernst Kaltenbrunner (Chef des Reichssicherheitshauptamtes), Alfred Rosenberg (Parteiideologe und Minister für die besetzten Ostgebiete), Hans Frank (Generalgouverneur von Polen), Wilhelm Frick (Reichsinnenminister), Julius Streicher (Gauleiter von Franken und Herausgeber des Hetzblattes „Der Stürmer"), Walther Funk (Reichswirtschaftsminister), Hjalmar Schacht (Reichswirtschaftsminister bis 1937, Reichsbankpräsident bis 1939), Gustav Krupp von Bohlen und Halbach[2] (Industrieller), Karl Dönitz (Oberbefehlshaber der Kriegsmarine seit 1943, Nachfolger Hitlers als Staatsoberhaupt), Erich Raeder (Vorgänger von Dönitz als Oberbefehlshaber der Kriegsmarine), Baldur von Schirach (Reichsjugendführer, Gauleiter von Wien), Fritz Sauckel (Generalbevollmächtigter für den Arbeitseinsatz), Alfred Jodl (Chef des Wehrmachtsführungsstabes), Martin Bormann[3] (Reichsleiter, d. h. Sekretär Hitlers), Franz von Papen (Vizekanzler bis 1934, danach Botschafter in Wien und Ankara), Arthur Seyß-Inquart (Reichskommissar der Niederlande), Albert Speer (Architekt und Rüstungsminister), Konstantin von Neurath (Reichsaußenminister bis 1938, Reichsprotektor von Böhmen und Mähren) und Hans Fritzsche (Chefkommentator des Rundfunks).

Folgende Urteile wurden 1946 verkündet:

Tod durch den Strang: Hermann Göring, Joachim von Ribbentrop, Wilhelm Keitel, Ernst Kaltenbrunner, Alfred Rosenberg, Hans Frank, Wilhelm Frick, Julius Streicher, Fritz Sauckel, Alfred Jodl, Arthur Seyß-Inquart;

Lebenslänglich: Rudolf Heß, Walther Funk, Erich Raeder;

20 Jahre: Baldur von Schirach, Albert Speer;

15 Jahre: Konstantin von Neurath;

Freispruch: Hjalmar Schacht, Franz von Papen, Hans Fritzsche.

1 Ley beging Selbstmord vor der Verhandlung am 25.10.1945.

2 Der Prozess erfolgte zu einem späteren Zeitpunkt.

3 Wie erst später bekannt wurde, hatte sich Bormann bereits bei Kriegsende das Leben genommen.

M 7 Eine Darstellung

Der Bielefelder Historiker Hans-Ulrich Wehler bilanziert im fünften Band seiner „Deutschen Gesellschaftsgeschichte" (2008):

Zunächst hatten die Alliierten die Abrechnung mit dem NS-Regime in die Hand genommen. Der spektakuläre Nürnberger Prozess, der vom November 1945 bis zum Oktober 1946 vor dem „Internationalen Militär-Tribunal" stattfand, führte zur Verurteilung von 22 prominenten nationalsozialistischen und militärischen Führungsfiguren, den „Hauptkriegsverbrechern". Im Verlauf dieser Verhandlung wurde die deutsche Öffentlichkeit zum ersten Mal ausführlich mit den Schreckenstaten der Diktatur bekannt gemacht. Dadurch wurde der aufkommende Eindruck der Rachejustiz in den Augen der Mehrheit zurückgedrängt. Nach dem Nürnberger Großverfahren hörte die justizielle Ahndung aber keineswegs auf. Von 1946 bis 1949 wurden von den westlichen Alliierten noch zwölf Militärgerichtsprozesse veranstaltet, die zur Verurteilung von 5025 Personen führten; 4000 wurden verurteilt, 806-mal wurde auf die Todesstrafe erkannt, 486-mal wurde sie auch vollstreckt. In den sogenannten Nürnberger Nachfolgeprozessen wurden von den 184 angeklagten Vertretern der Funktionseliten 80 Prozent verurteilt, von den 24 Todesstrafen wurde die Hälfte vollstreckt.

Insgesamt stellten diese Gerichtsverfahren zwischen 1945 und 1949 eine große Leistung der westlichen Alliierten, insbesondere der amerikanischen Besatzungsmacht dar. Der allergrößte Teil der Verurteilten wurde aber aufgrund der frühen Amnestiegesetze der Bundesrepublik nach wenigen Jahren aus der Haft entlassen. Zum guten Teil war diese Freilassung das Ergebnis förmlicher Kampagnen, bei denen die Kirchen, die sich soeben noch durch ihre Schweigsamkeit im „Dritten Reich" kompromittiert hatten, mit großer Beredsamkeit eine führende Rolle spielten. Namentlich der offenbar noch immer unbelehrbare nationalprotestantische Flügel der Evangelischen Kirche stilisierte den Ruf nach Freilassung zu einer Frage der nationalen Ehre. Dem konnten sich unter ihren Gesichtspunkten auch die Sprecher der Veteranenverbände, erst recht im Zeichen des Wiederaufbaus deutscher Truppen, anschließen, da die Inhaftierung zahlreicher Offiziere als damit unvereinbar galt. In der Sowjetischen Besatzungszone wurden übrigens in alles andere als rechtsstaatlichen Verfahren gut 45 000 Fälle abgewickelt; im Ausland beliefen sie sich auf 50–60 000, die gefangen genommene oder ausgelieferte, echte oder vermeintliche Täter umfassten. Abgesehen von den Gerichtsverfahren, die vor allem die amerikanische Besatzungsmacht anstrengte, wurden in den Westzonen rund 200 000 belastete Personen in Internierungslagern zusammengeführt, aus denen sie, je nach dem Ergebnis des Untersuchungsverfahrens, nach einigen Wochen oder aber erst nach drei Jahren (1946: 125000, 1947: 40 000) entlassen wurden. Auch gegen weniger verdächtige Mitläufer gingen vor allem die amerikanischen Militärbehörden ziemlich rigoros vor: So wurden etwa viele von den Beamten, die vor dem Mai 1937 Parteigenossen geworden waren, zunächst entlassen, nach relativ kurzer Zeit freilich meistens wieder eingestellt.

Mit der Staatsgründung übernahm dann die Bundesrepublik auch die justizielle Aufarbeitung der jüngsten Vergangenheit. Die folgenden Jahre sind durch eine tiefe Ambivalenz und Widersprüchlichkeit im Umgang mit ihr gekennzeichnet. Auf der einen Seite dehnte sich unübersehbar eine „Schlussstrichmentalität" aus, welche die westdeutsche „Vergangenheitspolitik" (N. Frei) zeitweilig prägte. Beschleunigte Reintegration der Diskriminierten und großzügige Amnestiegesetze rückten in den Vordergrund. Beamte und Berufsoffiziere wurden durch das 131er-Gesetz gefördert, die Entnazifizierungsverfahren abgeschlossen. Die Kollektivschuldthese, die von den westlichen Alliierten nie formell vorgebracht worden war, wurde empört zurückgewiesen. Seit der Mitte der 1950er-Jahre schien der Eifer der deutschen Justiz bei der Verfolgung von NS-Tätern zu erlahmen. Auf der anderen Seite führt die pauschale Deutung dieser Zeit als einer Phase der stetig verweigerten Schuldanerkennung und der stillgelegten Auseinandersetzung mit dem Nationalsozialismus in die Irre. Die scharfe Abkehr von der Diktatur dominierte in Presse und Rundfunk, durchaus auch in den Berichten über die zahlreichen Prozesse. Am deutlichsten spiegelten wahrscheinlich die neuen kulturpolitischen Zeitschriften diese Fundamentalkritik wider. Im „Aufbau" und „Ruf", in der „Gegenwart" und „Wandlung", im „Merkur", in der „Sammlung" und in den „Frankfurter Heften" wurde eine scharfe Klinge geschlagen. Die Theaterstücke von Wolfgang Borchert und Carl Zuckmayer wurden lebhaft besucht. Seit dem November 1947 regelten erste Gesetze die Rückerstattung des „arisierten jüdischen Vermögens"; im Sommer 1949 trat ein erstes Entschädigungsgesetz in Kraft. Bereits im März 1946 hatten die Ministerpräsidenten der Westzonen gefordert, dass deutsche Gerichte endlich Nationalsozialisten aburteilen sollten, zumal sie es sachkundiger könnten als die Alliierten. Daraufhin kamen zahlreiche Prozesse in Gang, z. B. gegen Täter der „Reichskristallnacht", und sie wurden seit 1949 durchaus fortgesetzt, wie auch die 1950er-Jahre eine permanente gesetzgeberische Aktivität aufweisen, gegen die jede Opposition sich letztlich als „chancenlos" erwies.

Hans-Ulrich Wehler, Deutsche Gesellschaftsgeschichte 1949–1990, München 2008, S. 19 f.

Verarbeitung der nationalsozialistischen Gewaltherrschaft im Fernsehen – Ein Beispiel

M 8 Ein Fernsehfilm, der Geschichte machte

Der Hamburger Historiker Peter Reichel schreibt über die Resonanz auf den im Januar 1979 in der Bundesrepublik ausgestrahlten US-amerikanischen Fernsehfilm „Holocaust" (2004):

Vier Fernsehtage im Januar, im dreißigsten Jahr der Republik: Sie verändern das Land nicht, und sie machen aus der westdeutschen Gesellschaft auch keine andere. Eine Kulturrevolution findet nicht statt. Was aber am 22., 23., 25. und 26. Januar 1979 in den späten Abendstunden in Hunderttausenden privater Haushalte geschieht, gilt bis heute als beispiellos. Es ist jedenfalls weit mehr als nur ein beachtliches Datum in der politischen Kultur- und Mediengeschichte Nachkriegsdeutschlands. Bis zu 40 Prozent aller bundesdeutschen Fernsehgeräte sind eingeschaltet. Angesichts des Themas ist das eine sensationell hohe Einschaltquote. Die Sehbeteiligung selbst der 8–13jährigen Schulkinder steigt von Folge zu Folge. Im Durchschnitt aller Sendungen beschäftigen sich an diesen Abenden zwischen 10 und 15 Millionen Deutsche ab 14 Jahren mit dem – im allgemeinen Sprachgebrauch – „düstersten Kapitel" ihrer Geschichte.

Das Fernsehereignis, über das schon seit Monaten öffentlich heftig gestritten wird, trägt einen noch ebenso unverständlichen wie ungewöhnlich klingenden Namen: *Holocaust*. Es kommt aus den USA, hat bereits dort Furore gemacht und schon in anderen Ländern für erhebliches Aufsehen gesorgt. Nun sieht das Ausland auf Deutschland, neugierig zu erfahren, wie dieses Land mit einem Film aus den USA über seine Vergangenheit umgehen würde. [...] *Holocaust* war für Wochen das Tagesthema. Im Büro und beim Einkaufen, auf der Straße und in der Schule redete man über die Serie. In manchen Universitäten wurden sozialwissenschaftliche Seminare kurzerhand in *Holocaust*-Diskussionen umfunktioniert, anderswo fielen gewerkschaftliche Bildungsveranstaltungen aus, und in Volkshochschulen taten sich Singles zu Gruppen zusammen, weil sie den *Holocaust* allein zu Hause nicht aushielten. [...] Zehntausende von Anrufen gingen bei den Fernsehredaktionen noch während der Diskussionsrunden ein, die sich an die jeweiligen Folgen anschlossen. Mit ihrer Erschütterung hielten die Anrufer nicht zurück, aus ihrer Unkenntnis und Hilflosigkeit machten sie keinen Hehl. Sie berichteten von bewegten Gesprächen in den Familien, auch und gerade zwischen den Generationen. Immer wieder seien die gleichen bedrängenden Fragen gestellt worden, hieß es: Wie konnte das geschehen? Was habt ihr getan, und: was habt ihr gewusst, was konntet, was wolltet ihr wissen? Rund eine halbe Million Anfragen nach Informationsmaterial mussten von der Bundeszentrale und den Landeszentralen für Politische Bildung bearbeitet werden. Große Teile der in einer Blitzumfrage Ende Januar befragten Westdeutschen bekannten, dass sie diese Sendung „tief erschüttert" habe und sie „Scham darüber" empfänden, dass „wir Deutsche solche Verbrechen begangen und geduldet haben". Über 80 Prozent erklärten, sie hätten mit anderen über *Holocaust* gesprochen. Nur jeweils knapp zehn Prozent hielten das Fernsehmelodram für „in vielen Einzelheiten falsch und unglaubwürdig" oder sahen darin eine Verunglimpfung der Deutschen. Doch nicht nur die Unwissenden und Verstörten, auch die Unbelehrbaren meldeten sich zu Wort. Von „Nestbeschmutzern" und „Brunnenvergiftung" durch den linkslastigen „Rotfunk" war wieder einmal die Rede. Die „Schüler-Union Bayern" verlangte vom Bayerischen Rundfunk, eine anschließende Serie über die Vertreibung von Millionen Deutschen ins Programm zu nehmen, denn einseitige Schuldbekenntnisse wie der *Holocaust* dürften der Jugend nicht zugemutet werden. Kaum überraschend, dass dieses Sentiments und Ressentiments mobilisierende kulturelle Großereignis auch die Rechtsextremisten nicht untätig ließ. Ein anonymer Anrufer drohte, den Vorsitzenden der Jüdischen Gemeinde Berlins, Heinz Galinski, umzubringen, wenn die Serie nicht abgesetzt würde. Bei Koblenz zerriss ein Zehn-Kilo-Sprengsatz Übertragungseinrichtungen. In der Nähe von Münster detonierte eine Bombe und zerstörte eine Richtfunkstelle, sodass Hunderttausende den im ersten Programm zur Vorbereitung ausgestrahlten Dokumentarfilm *Endlösung* nicht sehen konnten. Die „Internationalen Revolutionären Nationalisten" bekannten sich zu den Anschlägen. So zahlreich die Einwände und Störungen auch waren, sie konnten nicht verhindern, dass für wenige Wochen *Holocaust* das Thema der Nation war. [...] Es avancierte bald zum umgangssprachlich dominanten Ausdruck für nationalsozialistische Gewaltverbrechen.

Peter Reichel, Erfundene Erinnerung. Weltkrieg und Judenmord in Film und Theater, München / Wien 2004, S. 249 ff.

Verarbeitung der nationalsozialistischen Gewaltherrschaft in der Kultur – Das Denkmal in Berlin

M 9 Denkmal für die ermordeten Juden

a) Der Antrag von Abgeordneten des Deutschen Bundestages zur Errichtung eines Denkmals für die ermordeten Juden Europas vom 4. Mai 1999:

Der Bundestag wolle beschließen:

1. Die Bundesrepublik Deutschland errichtet ein Denkmal für die ermordeten Juden Europas in der Mitte Berlins zwischen dem Brandenburger Tor und der Topographie des Terrors am vorgesehenen Ort.
2. Mit dem Denkmal ehren wir die ermordeten Juden. Das Denkmal mahnt, nie wieder die Würde des Menschen anzutasten und die Gleichheit aller Menschen vor dem Gesetz zu gewährleisten. Es fordert dazu auf, jeder Diktatur zu widerstehen. Es ruft auf zur Wachsamkeit gegen Verletzungen der Menschenrechte.
3. Das Denkmal kann ergänzt werden von einem Raum der Stille und der Information mit Verweisen auf Orte des Erinnerns in und außerhalb Berlins, z. B. die in der unmittelbaren Nähe des Denkmals gelegene Ausstellung der Stiftung „Topographie des Terrors", das Haus der Wannsee-Konferenz, die KZ-Gedenkstätten, die Gedenkstätte Deutscher Widerstand, das Jüdische Museum Berlin.
4. Die Ermordung der europäischen Juden ist in ihrer Ungeheuerlichkeit singulär. Aber auch der anderen Opfer des Nationalsozialismus muss würdig gedacht werden. Hierfür muss ein Konzept entwickelt werden. [...]

Drucksache 14/943 – 2 – Deutscher Bundestag.

b) Aus der Bundestagsrede des SPD-Abgeordeten Wolfgang Thierse anlässlich der Debatte zur Errichtung eines Holocaust-Mahnmals vom 25. Juni 1999:

Herr Präsident! Meine Damen und Herren! Wir müssen heute über die Frage entscheiden: Wollen wir nach zehnjähriger Debatte ein Denkmal für die ermordeten Juden Europas errichten? Immer wieder höre ich, alle Argumente seien ausgetauscht. Aber ich höre auch, wir, die Deutschen, und wir, der Deutsche Bundestag, seien gar nicht mehr frei in unserer Entscheidung. Der öffentliche und auch der internationale Erwartungsdruck sei so hoch, dass die Entscheidung letztlich präjudiziert sei. Dennoch sage ich: Dies ist unsere ureigene Entscheidung, die wir aus eigener Verantwortung mit Blick auf unsere Geschichte und die Bedingungen ihres Erinnerns zu treffen haben.

[...] Aber schon das Wie unserer heutigen Entscheidungsfindung – diese Debatte eingeschlossen – und die Würde, mit der wir uns des Themas annehmen, wird Auskunft darüber geben, ob wir Deutsche uns mit Anstand aus diesem schlimmen Jahrhundert verabschieden. Es gibt Stimmen, die gerne einen Schlussstrich unter das düsterste Kapitel der deutschen Vergangenheit ziehen möchten. Ich glaube, dass wir das mit Ernst und Leidenschaft abzulehnen haben. [...] Es gibt aber auch sehr achtenswerte Argumente auf der Seite derjenigen, die einem solchen Denkmal grundsätzlich skeptisch gegenüberstehen. Immerhin berührt der Holocaust die „Grenze unseres Verstehens", wie es [der Literaturwissenschaftler] Hanno Loewy treffend ausgedrückt hat. Die mehrfachen Auslobungsverfahren bezeugen ja die Schwierigkeit, einen künstlerischen Ausdruck für das Unfassbare, für die Monstrosität der nationalsozialistischen Gewaltverbrechen und für den Genozid an den europäischen Juden zu finden. Kann deshalb die Antwort heißen, heute auf die Entscheidung zugunsten eines Denkmals zu verzichten? Ich sage ganz entschieden: Nein! [...] Natürlich stimmt es, wenn [der Zentralratsvorsitzende] Ignatz Bubis sagt, er brauche ein solches Denkmal eigentlich nicht; das wahre Denkmal sei in seinem Herzen. Aber was für den deutschen Juden Ignatz Bubis gilt, das kann und darf für uns, die Nachkommen der Täter, nicht in gleichem Maße gelten; denn nicht für die Juden – ob deutsche oder andere – bauen wir dieses Denkmal, sondern für uns, als unser ureigenes Bekenntnis zu einem politischen Selbstverständnis, „... in das die Tat – das im Nationalsozialismus begangene und geduldete Menschheitsverbrechen – und damit die Erschütterung über das Unsagbare, das den Opfern angetan worden ist, als persistierende Beunruhigung und Mahnung eingebrannt ist ..." wie es [der Philosoph] Jürgen Habermas ausgedrückt hat. Vor diesem Denkmal dürfen Wegsehen und Gleichgültigkeit keinen Bestand haben.

[...] Liebe Kolleginnen und Kollegen, wir müssen heute entscheiden: Wollen wir dieses Denkmal den ermordeten europäischen Juden oder allen vom Nationalsozialismus verfolgten und ermordeten Opfern widmen? Diese Entscheidung fällt mir nicht leicht. Reinhart Kosellecks [Historiker] eindringlicher Appell, wir dürften uns als Täter nicht anmaßen, eine Hierarchie der Opfer festzuschreiben, ist von Gewicht. Schärfer noch fügt er hinzu:

„Wer dies tut, bedient sich weiterhin jener Kategorien, mit denen die SS ihre Opfer definiert hat, um sie zu vernichten." Wenn ich dennoch vehement für die Eingrenzung der Widmung auf die ermordeten europäischen Juden plädiere, dann geschieht das vor dem Hintergrund der Zentralität des organisierten Massenmordes an der jüdischen Bevölkerung für den nationalsozialistischen Rassenwahn. Auschwitz symbolisiert den „Höhepunkt des jahrtausendealten Judenhasses". Vor diesem Hintergrund sollen und müssen wir unsere heutige Entscheidung treffen, die keinerlei Geringschätzung der anderen Opfergruppen – der Sinti und Roma, der politisch Verfolgten, der Homosexuellen und der geistig Behinderten – darstellt. Wir bleiben in der Pflicht, für ein würdiges Gedenken ihrer jeweiligen Schicksale zu sorgen. [...] Liebe Kolleginnen und Kollegen, wir müssen heute entscheiden: Wollen wir es bei einem reinen Denkmal ohne jeden Zusatz belassen oder es durch einen Ort der Information ergänzen? Ich gestehe ein, dass meine langgehegten Zweifel gerade damit zu tun hatten, dass ich die Formensprache eines reinen Denkmals für nicht ausreichend hielt, gerade mit Blick auf die nachgeborenen Generationen. Denn Erinnern und Gedenken sind beides sehr komplexe Vorgänge – sie sind aber nicht identisch. Historische Aufklärung kann politisches Bewusstsein schaffen und das Geschehene in Erinnerung bringen. Aber Trauer um die Toten, Empathie mit den Opfern stellt sich dadurch noch nicht von selbst ein. Orte des Gedenkens hingegen zielen auf Empathie. Sie entwickeln, so sie gelungen sind, eine begriffslose Ausdruckskraft, eine geradezu sinnliche Wucht. Auf diese Weise stellt sich Erkenntnis ein – aber nicht durch Lernerfahrung, sondern durch Evokation [Wachrufen]. Ich frage diejenigen, die das Denkmal in seiner reinen, durch nichts ergänzten Form verwirklichen wollen: Können wir uns für die nachfolgenden Generationen sicher sein hinsichtlich der vorausgesetzten geschichtlichen Erinnerung, die evoziert werden soll und werden kann? Nur das leiseste Nein drängt uns zu einer Antwort, die wenigstens in der allervorsichtigsten Form nach einer Kombination von Erinnern und Gedenken suchen lassen sollte. [...]

Das Denkmal, über das wir heute entscheiden, richtet sich an die zukünftigen Generationen mit der Botschaft: Scham ist ein Moment unserer menschlichen Würde. Aus dem politisch-praktischen Gedenken unserer mit unfassbarem Unrecht verknüpften Geschichte erwächst moralische Gegenwartsverpflichtung und Zukunftsfähigkeit. Darum geht es.

Deutscher Bundestag, Plenarprotokoll 14/48, 48. Sitzung, Bonn, Freitag, den 25. Juni 1999.

M 10 Errichtung des Denkmals
Peter Eisenman im August 2003 in Berlin

Aufgaben

1. a) ⊙⊙○ Erläutern Sie, was Norbert Frei unter „Politik der Schuldeinebnung" (Z. 40 f.) versteht. → M4
   b) ⊙⊙⊙ Erörtern Sie ausgehend vom Text, wie sich die Deutschen nach 1945 mit der Schuldfrage auseinandersetzten. → Text, M4
2. ⊙⊙⊙ Diskutieren Sie, ob der Nürnberger Prozess seinem selbst gesetzten Anspruch gerecht wurde. → M6, M7
3. ⊙⊙○ Informieren Sie sich über den Inhalt der Fernsehserie „Holocaust" und erklären Sie die Auswirkungen, die die Ausstrahlung der Serie damals hatte. → M8
4. a) ⊙○○ Fassen Sie die zentralen Aussagen von Wolfgang Thierse zusammen.
   b) ⊙⊙⊙ Verfassen Sie einen eigenen Debattenbeitrag. Beziehen Sie sich dabei auf den Antrag sowie auf die Ausführungen von Wolfgang Thierse. → M9

Ein deutscher Sonderweg? – Quellen aus Deutschland vor 1945

M 11 Erklärung der Hochschullehrer

Im Zuge der „geistigen Mobilmachung" zum Kriegsbeginn im Sommer 1914 entwickelte sich im Bildungsbürgertum die Vorstellung einer den westlichen Demokratien überlegenen deutschen Sonderentwicklung, die es im Krieg zu verteidigen gelte. Diese Idee fand Eingang in eine von 3014 deutschen Hochschullehrern unterschriebene Erklärung, die am 16. Oktober 1914 veröffentlicht wurde:

Wir Lehrer an Deutschlands Universitäten und Hochschulen dienen der Wissenschaft und treiben ein Werk des Friedens. Aber es erfüllt uns mit Entrüstung, dass die Feinde Deutschlands, England an der Spitze, angeblich zu unsern Gunsten einen Gegensatz machen wollen zwischen dem Geiste der deutschen Wissenschaft und dem, was sie den preußischen Militarismus nennen. In dem deutschen Heere ist kein anderer Geist als in dem deutschen Volke, denn beide sind eins, und wir gehören auch dazu. Unser Heer pflegt auch die Wissenschaft und dankt ihr nicht zum wenigsten seine Leistungen. Der Dienst im Heere macht unsere Jugend tüchtig auch für alle Werte des Friedens, auch für die Wissenschaft. Denn er erzieht sie zu selbstentsagender Pflichttreue und verleiht ihr das Selbstbewusstsein und das Ehrgefühl des wahrhaft freien Mannes, der sich willig dem Ganzen unterordnet. Dieser Geist lebt nicht nur in Preußen, sondern ist derselbe in allen Landen des Deutschen Reiches. Er ist der gleiche in Krieg und Frieden. Jetzt steht unser Heer im Kampfe für Deutschlands Freiheit und damit für alle Güter des Friedens und der Gesittung nicht nur in Deutschland. Unser Glaube ist, dass für die ganze Kultur Europas das Heil an dem Siege hängt, den der Deutsche „Militarismus" erkämpfen wird. Die Manneszucht, die Treue, der Opfermut des einträchtigen freien deutschen Volkes.

Zit. nach: G. Richter u. a. (Redaktion), Unser Jahrhundert im Bild, Gütersloh 1964, S. 193.

M 12 „Kultur" versus „Zivilisation"

In seinen „Betrachtungen eines Unpolitischen", die er während des Ersten Weltkrieges verfasste und schließlich 1918 veröffentlichte, vertritt Thomas Mann sehr ähnliche Vorstellungen. Dabei unterscheidet er zwischen deutscher „Kultur" und westlicher „Zivilisation":

Geist ist nicht Politik […]. Der Unterschied von Geist und Politik enthält den von Kultur und Zivilisation, von Seele und Gesellschaft, von Freiheit und Stimmrecht, von Kunst und Literatur; und Deutschtum, das ist Kultur, Seele, Freiheit, Kunst und nicht Zivilisation, Gesellschaft, Stimmrecht, Literatur. Der Unterschied von Geist und Politik ist, zum weiteren Beispiel, der von kosmopolitisch und international. Jener Begriff entstammt der kulturellen Sphäre und ist deutsch; dieser entstammt der Sphäre der Zivilisation und Demokratie und ist etwas ganz anderes. International ist der demokratische Bourgeois, möge er überall auch noch so national sich drapieren; der Bürger – auch das ist ein Motiv dieses Buches – ist kosmopolitisch, denn er ist deutsch, deutscher als Fürsten und „Volk": dieser Mensch der geographischen, sozialen und seelischen „Mitte" war immer und bleibt der Träger deutscher Geistigkeit, Menschlichkeit und Anti-Politik.

Thomas Mann, Betrachtungen eines Unpolitischen, Frankfurt am Main 1983 [zuerst erschienen 1918], S. 31.

M 13 Propagandapostkarte aus dem Jahr 1933

Friedrich der Große, Otto von Bismarck, Paul von Hindenburg und Adolf Hitler

Deutschlands Weg in den Nationalsozialismus – ein Sonderweg? – Eine Kontroverse

M 14 Zwei Darstellungen

a) In den 1970er-Jahren entbrannte in der bundesdeutschen Geschichtswissenschaft eine heftige Kontroverse darüber, ob es einen deutschen Sonderweg gegeben habe, der vom Kaiserreich direkt in die Katastrophe des Nationalsozialismus führte. Hans-Ulrich Wehler eröffnete die Debatte 1973:

Sie [Wehlers Forschungen] sind mit dem Fundamentalproblem der modernen deutschen Geschichte seit den Revolutionen des ausgehenden 18. Jahrhunderts verknüpft, mit der Erklärung des verhängnisvollen Sonderwegs der Deutschen, vor allem seit dieser Zeit. Immer wieder wird es daher, ohne dass die westeuropäisch-nordamerikanische Entwicklung mit ihren vergleichbaren Problemen zu positiv gezeichnet werden soll, um die Frage nach den eigentümlichen Belastungen der deutschen Geschichte gehen, nach den schweren Hemmnissen, die der Entwicklung zu einer Gesellschaft mündiger, verantwortlicher Staatsbürger entgegengestellt worden sind – oder sich ihr entgegengestellt haben –, nach dem zielstrebigen und nur zu erfolgreichen Widerstand erst gegen eine liberale, dann gegen eine demokratische Gesellschaft, einem Widerstand mit fatalen Folgen, sofort oder später. Ohne eine kritische Analyse dieser historischen Bürde, die namentlich im Kaiserreich immer schwerer geworden ist, lässt sich der Weg in die Katastrophe des deutschen Faschismus nicht erhellen. Und so wenig auch die neuere deutsche Geschichte ausschließlich unter diesem Gesichtspunkt von Aufstieg und Untergang des Nationalsozialismus beurteilt werden soll, so unausweichlich ist es doch, vorrangig von diesem Problem auszugehen. Nur ein Duzend Jahre nach dem Ende des Kaiserreichs stand die „Machtergreifung" Hitlers bevor.

Hans-Ulrich Wehler, Das deutsche Kaiserreich 1871–1918, 6. Aufl., Göttingen 1988 [1. Aufl. 1973], S. 11 f.

b) In seiner umfangreichen „Deutschen Geschichte" entgegnete der Historiker Thomas Nipperdey Anfang der 1990er-Jahre:

Ungeachtet allen Streits um unser Verhältnis zur Vergangenheit und ihrer „Bewältigung", fast ein halbes Jahrhundert nach 1945 ist die Betrachtung der Kaiserzeit nur als Vorgeschichte von Nationalsozialismus und Hitler bei allen nun obsolet geworden; auch andere Kontinuitäten knüpfen an jene Zeit an, die von Weimar und die der Bundesrepublik, die der großen sozialen und kulturellen Wandlungen unseres Jahrhunderts überhaupt. In diesen Perspektiven zeigt sich auch die europäische Gemeinsamkeit, oder: nicht der deutsche Sonderweg, sondern die deutsche Variation gemeineuropäischer Vorgänge. Und damit bekommt auch mein altes Ideal, dass jede Zeit ihren eigenen Wert und Sinn hat, unmittelbar zu Gott ist, wie Ranke das nannte, wieder ihre nachvollziehbare Wirklichkeit. Man kann nicht alles nur als Vorgeschichte lesen, man muss die Dinge auch selbst lesen. […]
Kurz, die Geschichte des Reiches von 1871 bis 1914 ist eine Geschichte gemeineuropäischer Normalität, gelungener Problemlösungen ebenso wie gescheiterter Reformbestrebungen und gehemmter Modernisierung, gewaltigen Wandels jedenfalls und gewaltiger Gewichtsverschiebungen. […] Die Menschen unterscheiden sich nicht in gute und böse, das Kaiserreich war nicht gut und nicht böse oder nach Gutem und Bösem deutlich unterscheidbar: Die Grundfarben der Geschichte sind nicht Schwarz und Weiß, ihr Grundmuster nicht der Kontrast eines Schachbretts; die Grundfarbe der Geschichte ist grau, in unendlichen Schattierungen.

Thomas Nipperdey, Deutsche Geschichte 1866–1918, 2 Bände, München 1990/1992, Bd. 1, S. 837, Bd. 2, S. 891 u. 905.

Aufgaben

1. a) ⊙⊙○ Arbeiten Sie heraus, worin für die deutschen Hochschullehrer bei Kriegsbeginn 1914 der „deutsche Sonderweg" bestand. → M11
   b) ⊙⊙○ Erläutern Sie den Unterschied, den Thomas Mann zwischen „Kultur" und „Zivilisation" sah. → M12
   c) ⊙⊙○ Analysieren Sie, wie die Nationalsozialisten den „deutschen Sonderweg" propagandistisch für sich nutzten. → M13
2. a) ⊙⊙○ Vergleichen Sie die Positionen der beiden Historiker.
   b) ⊙⊙⊙ Gab es einen „deutschen Sonderweg"? Formulieren Sie Ihre Position in einem kurzen Essay. → M14

Die Frage nach der deutschen Identität

Im September 2005 begann eine von verschiedenen Unternehmen getragene Kampagne mit dem Slogan „Du bist Deutschland“, die einen modernen, optimistischen Patriotismus propagierte und diesen mit einem Appell an die „Eigeninitiative“ und „Leistungsbereitschaft“ verband. Der „unbeschwerte“ und „unverkrampfte“ Patriotismus, für den das „Sommermärchen“ der Fußballweltmeisterschaft in Deutschland im Jahr darauf in den Medien so gelobt wurde, wurde hier im Rahmen einer durchgeplanten Werbeinitiative vorweggenommen. Nationale Zugehörigkeit – die in der Formulierung „Du bist Deutschland“ bewusst offener gehalten war als etwa bei einer Anrede des Zuschauers als „Deutscher“ – erschien in der Kampagne als Motivationsformel, für die Ludwig Erhard, Alice Schwarzer und Michael Schumacher ebenso in Anspruch genommen wurden wie Goethe oder eine anonyme „Klofrau“. Die Kampagne war ebenso auf bevorstehende gemeinsame Herausforderungen bezogen wie auf historische Leistungen, die die Gemeinschaft „Deutschland“ – zu der sich auch der Zuschauer zählen sollte – erbracht hatte, beispielsweise den Fall der Berliner Mauer.

Die hier angesprochene Gemeinschaft ist die „Nation“. Die Geschichte dieser politischen Kategorie in Deutschland ist zugleich auch die Geschichte der Frage nach einer deutschen Identität. Sie soll im folgenden Kapitel vorgestellt werden.

Nation und Nationalismus

Es ist eine typische Eigenschaft von Menschen als sozialen Wesen, ihre Identität unter anderem über die Zugehörigkeit zu bestimmten Gruppen zu bestimmen. Menschen sind Teil einer Familie und eines Freundeskreises; jemand kann Mitglied einer Religionsgemeinschaft, einer Berufsgruppe oder auch Fan einer bestimmten Fußballmannschaft sein – all das macht mit aus, wer man ist. Eine besondere Rolle spielen Menschengruppen, die als politischer Herrschaftsverband zusammengeschlossen und organisiert sind. Die Zugehörigkeit bzw. Nichtzugehörigkeit ist hier nicht nur identitätsstiftend, sie hat überdies auch weitreichende praktische Konsequenzen: Welchen Gesetzen ist man unterworfen, wem muss man Steuern zahlen, wofür muss man in den Krieg ziehen usw. Als „Nationalismus“ bezeichnet man unter anderem Bewegungen, die die Nation als Herrschaftsverband in der Form eines sogenannten Nationalstaats organisieren wollen.

Der Begriff der Nation tauchte zuerst mit der zunehmenden Mobilität einzelner Personengruppen im späten Mittelalter auf: Studenten oder Kaufleute in europäischen Metropolen wie Paris oder Venedig schlossen sich in landsmannschaftlichen Gruppen zusammen, die als „nationes“ bezeichnet wurden. Dies zeigt, dass es schon früh ein gewisses Bewusstsein davon gab, einer bestimmten Nation anzugehören. Ebenso waren auch nationale Stereotypen, also bestimmte Vorstellungen über die Eigenschaften von Völkern, bereits in der Frühen Neuzeit verbreitet. In der zweiten Hälfte des 18. Jahrhunderts begann dann eine vertiefte Reflexion darüber, was eine Nation ausmache. Eine besondere Rolle spielten dabei die folgenden Aspekte:

1. Die gemeinsame Sprache wurde eine zentrale Kategorie; Sprachunterschiede markierten die Grenzen zwischen den Nationen. Auch

den bestimmten Charakter einer Nation meinte man an der Sprache erkennen zu können.

2. Man suchte und fand eine gemeinsame Abstammung, die Nation wurde also auch ethnisch bestimmt als ein Volk mit gemeinsamer Geschichte und gemeinsamen Erinnerungen. Jedes Volk habe dabei seine eigene „Sendung“, seinen „weltgeschichtlichen Auftrag“.
3. Die Nation definierte sich schließlich auch kulturell, Kunst und Kultur wurden als gemeinsame Leistung und gemeinsamer Besitz einer Nation verstanden. Hierbei spielte die Vorstellung einer natürlichen, aus der Mitte des einfachen Volkes stammenden Kultur eine besondere Rolle.

In der Geschichtswissenschaft gibt es seit einigen Jahrzehnten eine Diskussion darüber, ob mit der Nation bzw. den Nationen etwas real Existierendes beschrieben wird, oder ob es sich dabei lediglich um „gedachte Ordnungen“ handelt: Hat der Nationalismus nur die als natürliche Ordnung gegebene Nation aufgegriffen, oder hat er sie erfunden? Das Beispiel Deutschland ist besonders geeignet, dieser Frage genauer nachzugehen.

„Deutschland“ - Wo liegt das?

In einigen europäischen Ländern zeichneten sich bereits im ausgehenden Mittelalter die Umrisse von Nationalstaaten ab; in Deutschland war dies jedoch nicht der Fall. Das Heilige Römische Reich Deutscher Nation - der volle Name taucht erstmals 1512 auf - war eher ein Verbund von Staaten, die sich in Deutschland auf regionaler und lokaler Ebene ausgebildet hatten. Als die oben beschriebenen Gedanken über Nation und nationale Identität im späten 18. Jahrhundert verhandelt wurden, war insbesondere Deutschland sehr weit davon entfernt, eine politische Nation zu sein. Aus diesem Grund suchte man die „Nation“ in der Zeit um 1800 auch eher in der Welt des Geistes, im Reich der „Dichter und Denker“.

Dies änderte sich in gewisser Weise mit dem durch die französische Expansion unter Napoleon verursachten Ende des Heiligen Römischen Reiches Deutscher Nation im Jahr 1806. In diesem Jahr schlug Frankreich Preußen in der Schlacht von Jena und Auerstedt vernichtend, was viele Deutsche als traumatische Niederlage empfanden. Fortan entwickelten sich die gebildeten Erwägungen über eine deutsche Nation zu konkreten politischen Vorstellungen und Forderungen. Unter dem Eindruck einer nationalen Krise und getragen von einer antifranzösischen Grundstimmung begann sich eine deutsche Nationalbewegung zu formen. Schubkraft erhielt die Bildung einer nationalen Identität der Deutschen aus der Abgrenzung gegenüber dem äußeren Feind. Zudem suchte man sich Figuren aus der Geschichte, um sie als Vorbilder bzw. Ahnherren zu präsentieren. Die dabei wohl wichtigste Gestalt war der Cherusker Arminius (eingedeutscht „Hermann“), ein germanischer Stammesfürst, der in der sogenannten Schlacht im Teutoburger Wald im Jahre 9 n. Chr. die Legionen des römischen Statthalters Quinctilius Varus in einen Hinterhalt gelockt und vernichtet hatte. Dieser Aufstand germanischer Stämme, dessen Anführer einige Jahre später von Gegnern aus den eigenen Reihen ermordet worden war, wurde im 19. Jahrhundert zum Beginn der deutschen Geschichte stilisiert: Hermann galt als der erste Deutsche; der Sieg über die Römer sollte als Modell für den Kampf gegen Napoleon

M 1 **„2000 Jahre Varusschlacht“**
Briefmarke, 2009

M 2 **Das Hermannsdenkmal im Teutoburger Wald**
eingeweiht 1875

dienen. Der Hermann-Mythos verhieß die Befreiung von der französischen Fremdherrschaft.

In Deutschland war die Entwicklung der Nationalbewegung so eng mit nationalen Mythen verbunden, da es hier kein jüngeres politisches Ereignis gab, das in Hinblick auf die Formierung einer Nation gedeutet werden konnte. Anders in Frankreich, wo sich die Vertreter des Dritten Standes zu Beginn der Französischen Revolution als Repräsentanten der Nation ausgerufen hatten. In Deutschland hingegen suchte man die Wurzeln der Nation in weit zurückliegenden Ereignissen wie eben der Varusschlacht oder auch der Reformation, die als Ablehnung der römischen Verdorbenheit durch den deutschen Reformator Martin Luther gedeutet wurde. Antworten auf die Frage nach der deutschen Identität sollten auch literarische Zeugnisse wie etwa das Nibelungenlied geben, aus dem man überzeitlich gültige deutsche Tugenden wie Opferbereitschaft und Treue herauslas.

Guter oder böser Nationalismus?

Die Vorstellungen über die deutsche Nation wandelten sich mit der politischen Situation, insbesondere mit dem jeweiligen Gegner, mit dem sich die Nationalbewegung konfrontiert sah. Nach dem Ende der Herrschaft Napoleons und dem Einsetzen der Restauration stand dem Ziel einer politischen Verwirklichung der Einheit der deutschen Nation kein äußerer Feind mehr im Weg, dafür aber die Macht der deutschen Fürsten. In Burschenschaften organisierte Studenten, von denen viele während der Befreiungskriege gegen Napoleon gekämpft hatten, verbrannten bei einer Feier anlässlich des 300. Jahrestages der Reformation auf der Wartburg unter anderem Teile von Militäruniformen aus deutschen Staaten wie Hessen oder Preußen. Das Streben nach politischer Freiheit im Zeichen des Liberalismus rückte ins Zentrum der deutschen Nationalbewegung und zeigte sich auch in der Solidarität mit nationalen Bestrebungen in anderen Ländern wie Griechenland oder, etwas später, Polen. Beim Fest im Hambacher Schloss 1832 beschworen mehrere Redner unter schwarz-rot-goldenen Fahnen – die Farben eines Freiwilligenverbandes aus den Befreiungskriegen waren inzwischen zum Symbol der Einheitsbewegung geworden – einen deutschen Nationalstaat als Teil eines europäischen Völkerbundes.

M 3 „Germania auf der Wacht am Rhein"
Gemälde von Lorenz Clasen, 1860

Die Rheinkrise 1840 zeigte, dass die Stärkung eines Einheitsgefühls im Inneren nicht ohne das Potenzial einer aggressiven Abgrenzung nach außen zu erreichen war. Als in der französischen Publizistik der Ruf nach der Rheingrenze aufkam, reagierten die deutschen Patrioten mit wütenden Parolen. Es wurden aber nicht nur Lieder wie Max Schneckenburgers „Wacht am Rhein" gedichtet, auch das „Deutschlandlied" von Heinrich Hoffmann von Fallersleben entstand noch unter dem Eindruck der Rheinkrise. Am letztgenannten Text lassen sich besonders gut die Schwierigkeiten aufzeigen, einen „guten" von einem „bösen" Nationalismus zu trennen: Während sich in der ersten Strophe chauvinistische Selbstüberhebung („Deutschland, Deutschland über alles") und ein maßloser Expansionsdrang („Von der Maas bis an die Memel, von der Etsch bis an den Belt") zeigen, steht die dritte Strophe mit den Prinzipien „Einigkeit und Recht und Freiheit" heute für die freiheitlich-demokratische Verfasstheit der Bundesrepublik Deutschland.

Kleindeutsch oder großdeutsch?

Durch die Diskussion während der Revolution von 1848/49, ob die Einheit der Nation als „kleindeutsche" oder als „großdeutsche" Lösung verwirklicht werden sollte, also ob mit oder ohne Österreich, erfuhr die Frage nach der deutschen Identität eine politische Zuspitzung. Der größte Teil der Nationalbewegung war sich darin einig, dass Österreich grundsätzlich zu Deutschland gehörte, die Mehrheit in der Paulskirche aber war skeptisch, ob sich vor dem Hintergrund des preußisch-österreichischen Gegensatzes und vor allem angesichts des Charakters des Habsburgerreiches als Vielvölkerstaat ein großdeutscher Nationalstaat realisieren ließ. Bei der Frage nach den Grenzen der deutschen Nation – wer gehörte dazu, wer nicht? – wurde deutlich, wie unscharf die Kriterien einer nationalen Identität sein können. Mit Verweis auf historische Grenzen wollte der glühende Nationalist und Befürworter der großdeutschen Lösung Ernst Moritz Arndt selbst Gruppen zur deutschen Nation schlagen, die sich sprachlich gewiss nicht als Teil von ihr beschreiben ließen, z. B. Tschechen, Slowenen oder Dänen. Selbst Heinrich von Gagern, ein bedeutender Anhänger der kleindeutschen Lösung, begründete das Ausgreifen Österreichs in den südosteuropäischen Donauraum mit der Aufgabe des deutschen Volkes, die deutsche Kultur und Sprache bis ans Schwarze Meer zu verbreiten.

Als sich die kleindeutsche Lösung 1871 dann im Deutschen Reich Bismarcks verwirklichte, war die Debatte damit gleichwohl nicht beendet. Sie zeigte nun konfessionelle und politische Fronten auf: Vor allem Konservative und Nationalliberale standen zum neuen Reich und entwickelten einen „Reichspatriotismus", als dessen Grundlage sie einen politisch gedeuteten deutschen Protestantismus hervorhoben. Viele Katholiken sahen das Kaiserreich dagegen als preußische Schöpfung, die ohne Millionen deutschsprachiger Österreicher eine unvollendete Nation blieb. Mit Bismarcks Kampf gegen den politischen Katholizismus und gegen die Sozialdemokratie vergrößerte sich die Distanz dieser beiden Gruppen zum Deutschen Reich. Die Gegensätze der Weltanschauungen und Interessen zeigten, dass die Vorstellung einer brüderlichen Einheit der Deutschen, wie man sie in Zeiten kriegerischer nationaler Begeisterung erfolgreich beschworen hatte, eine Illusion war.

Weltmacht und Rasse

Zu Beginn des Kapitels wurde der Nationalismus als Bewegung beschrieben, die die politische Realisierung der Nation wünscht. War der deutsche Nationalismus mit der Gründung des Kaiserreichs an sein Ziel und damit an sein Ende gelangt? Dies war nicht der Fall, aber der Nationalismus veränderte nun seine Zielrichtung. Gerade für diejenigen, die sich mit dem Deutschen Reich als Nationalstaat identifizierten, stellte sich in der Zeit des Imperialismus die Frage nach der Stellung Deutschlands in der Welt. Nationalistische Gruppierungen wie der Deutsche Flottenverein und der Alldeutsche Verband forderten eine ausgreifende deutsche Machtpolitik, die der junge Kaiser Wilhelm II. konsequent verfolgte und die schließlich in den Ersten Weltkrieg mündete. Fortan begann in der Frage nach der nationalen Identität eine neue Kategorie eine zunehmende Rolle zu spielen:

Wurde auch schon um 1800 die Abstammung als Kriterium für nationale Zugehörigkeit ins Feld geführt, so brachte der neue völkische Nationalismus dies jetzt auf den pseudowissenschaftlichen Begriff der Rasse, wobei man sich auf die Naturwissenschaften berufen wollte: Darwins Erkenntnisse über die Evolution als Kampf verschiedener Arten um Lebensräume wurden in vulgarisierter Form auf den Menschen übertragen. Die Frage, wer Deutscher war, wer überhaupt Deutscher sein konnte, war damit auf eine vermeintlich objektiv-wissenschaftliche Grundlage gestellt.

Der junge Adolf Hitler nahm vor 1920 die antisemitische Stoßrichtung des völkischen Nationalismus auf. In der nationalsozialistischen Ideologie stellten die Deutschen, die „Arier", die Rasse dar, die auserwählt wäre, den welthistorischen Kampf gegen die „jüdische Rasse" zu führen, welche unter den Masken des Parlamentarismus, des Kommunismus und des Liberalismus nach der Weltherrschaft streben würde.

M 4 **„Wir sind ein Volk"**
Demonstrant in Ostberlin am 9. Dezember 1989

Von zwei deutschen Staaten zu einer Nation in Europa

Nationalismus und Rassismus der Nazis hinterließen Millionen von Toten. Neben diesem Erbe war die Frage nach der deutschen Identität bald nach dem Zweiten Weltkrieg mit der Existenz zweier deutscher Staaten konfrontiert. Die Bundesrepublik Deutschland war mit der Hauptstadt Bonn und einem „Grundgesetz" als Verfassung bewusst als Provisorium angelegt, dennoch nahm sie für sich in Anspruch, die gesamte deutsche Nation zu vertreten. Spätestens nach der Zementierung der Teilung Deutschlands durch den Bau der Mauer im Jahr 1961 trat das Bewusstsein einer gemeinsamen Identität bei vielen Deutschen beider Staaten zunehmend in den Hintergrund, auch wenn die wenigsten Bürger der DDR der Konstruktion einer „sozialistischen Nation"

M 5 Europa-Fahne
Die zwölf kreisförmig angeordneten Sterne symbolisieren nicht die einzelnen Mitgliedsländer der EU. Die Anzahl ist unveränderlich.

durch Partei-Ideologen in den Siebzigerjahren folgten. Nachdem die Euphorie der Jahre 1989 und 1990 über die unverhoffte Wiedervereinigung verflogen war, entdeckte man schmerzlich, wie weit man sich voneinander entfernt hatte, und die Frage nach der deutschen Identität wurde vor allem zur Frage nach „Ost" oder „West".

Zwei Jahre nach der Wiedervereinigung löste mit dem Vertrag von Maastricht die Europäische Union die Europäische Gemeinschaft ab. Mit der Wiederherstellung eines deutschen Nationalstaats ging die Vertiefung der europäischen Integration einher, die auch die Abgabe nationaler Souveränitätsrechte an Brüssel bedeutete. Neben die deutsche Identität tritt heute zunehmend eine europäische. Ob diese europäische Identität die nationalen Identitäten eines Tages vollständig ersetzen wird, scheint aber eher fraglich, auch wenn von Politikern gelegentlich die Vereinigten Staaten von Europa als erstrebenswertes Ziel oder als Schreckbild beschworen werden. Die Frage nach der deutschen Identität hingegen ist heute in den Debatten um Zuwanderung und Integration gesellschaftlich und politisch präsent.

Zusammenfassung

„Du bist Deutschland" – die lässige Selbstverständlichkeit des Slogans überdeckt, wie schwierig und wie folgenreich die Antworten auf die Frage nach der deutschen Identität in den letzten beiden Jahrhunderten gewesen sind. Die Gründung eines deutschen Nationalstaats wurde von den Beharrungskräften der aus dem Alten Reich stammenden regionalen Territorialstaaten lange verzögert. Nach der Gründung des Deutschen Reiches gehörten diesem nicht alle an, die sich deutsch fühlten, und viele, die ihm angehörten, fühlten sich ihm nicht wirklich zugehörig. Übersteigerte und rassistisch aufgeladene Vorstellungen des „Deutschtums" führten in die nationalsozialistische Diktatur. Nach dem von Deutschland ausgehenden Zweiten Weltkrieg entstanden zwei deutsche Staaten. Mehr als zwei Jahrzehnte nach der Wiedervereinigung Deutschlands in einem zusammenwachsenden Europa ist die Frage nach der deutschen Identität in den Debatten um Zuwanderung und Integration heute noch immer lebendig.

M 6 „Nationalcharaktere"

Johann Gottfried Herder ist einer der wichtigsten frühen Theoretiker der Nation. In seinen 1794 erschienenen „Ideen zur Philosophie der Geschichte der Menschheit" geht er den Ursprüngen der „Nationalcharaktere" nach:

Endlich kommt es bei allen irdischen und menschlichen Dingen auf Ort und Zeit, so wie bei den verschiednen Nationen auf ihren Charakter an, ohne welchen sie nichts vermögen. [...] Wunderbare, seltsame Sache überhaupt ists um das, was genetischer Geist und Charakter eines Volks heißet. Er ist unerklärlich und unauslöschlich: so alt wie die Nation, so alt wie das Land, das sie bewohnte. Der Bramane gehört zu seinem Weltstrich; kein andrer, glaubt er, ist seiner heiligen Natur wert. So der Sinese und Japaner; allenthalben außer seinem Lande ist er eine unzeitig-verpflanzte Staude. Was der Einsiedler Indiens sich an seinem Gott, der Sinese sich an seinem Kaiser denkt, denken wir uns nicht an demselben; was wir für Wirksamkeit und Freiheit des Geistes, für männliche Ehre und Schönheit des Geschlechts schätzen, denken sich jene weit anders. [...]
Lebendige Menschenkräfte sind die Triebfedern der Menschengeschichte, und da der Mensch seinen Ursprung von und in einem Geschlechte nimmt: so wird hiermit schon seine Bildung, Erziehung und Denkart genetisch. Daher jene sonderbaren Nationalcharaktere, die, den ältesten Völkern so tief eingeprägt, sich in allen ihren Wirkungen auf der Erde unverkennbar zeichnen. Wie eine Quelle von dem Boden, auf dem sie sich sammlete, Bestandteile, Wirkungskräfte und Geschmack annimmt: so entsprang der alte Charakter der Völker aus Geschlechtszügen, der Himmelsgegend, der Lebensart und Erziehung, aus den frühen Geschäften und Taten, die diesem Volk eigen wurden. Tief drangen die Sitten der Väter ein und wurden des Geschlechts inniges Vorbild.
[...]

Johann Gottfried Herder, Staat Nation Humanität. Ausgewählte Texte, hrsg. v. Dietmar Willoweit und Janine Fehn, Würzburg 2007, S. 86 f.

M 7 Nation

Der englische Historiker Benedict Anderson schreibt 1983 über die Nation als „vorgestellte Gemeinschaft":

In einem solchermaßen anthropologischen Sinne schlage ich folgende Definition von Nation vor: Sie ist eine vorgestellte politische Gemeinschaft – vorgestellt als begrenzt und souverän.
Vorgestellt ist sie deswegen, weil die Mitglieder selbst der kleinsten Nation die meisten anderen niemals kennen, ihnen begegnen oder auch nur von ihnen hören werden, aber im Kopf eines jeden die Vorstellung ihrer Gemeinschaft existiert. [...] Ernest Gellner [wichtiger Nationalismusforscher, 1925–1995] kommt mit einer gewissen Bissigkeit zu einem vergleichbaren Schluss: „Nationalismus ist keineswegs das Erwachen von Nationen zu Selbstbewusstsein: Man erfindet Nationen, wo es sie vorher nicht gab." Diese Formulierung hat jedoch einen Nachteil: Gellner bemüht sich so sehr um den Nachweis, der Nationalismus spiegele falsche Tatsachen vor, dass er jene „Erfindung" mit „Herstellung" von „Falschem" assoziiert, anstatt mit „Vorstellen" und „Kreieren". Auf diese Weise legt er nahe, dass es „wahre" Gemeinschaften gebe, die sich von Nationen vorteilhaft absetzen. In der Tat sind alle Gemeinschaften, die größer sind als die dörflichen mit ihren Face-to-face-Kontakten, vorgestellte Gemeinschaften.
[...]
Schließlich wird die Nation als Gemeinschaft vorgestellt, weil sie, unabhängig von realer Ungleichheit und Ausbeutung, als „kameradschaftlicher" Verbund von Gleichen verstanden wird. Es war diese Brüderlichkeit, die es in den letzten zwei Jahrhunderten möglich gemacht hat, dass Millionen von Menschen für so begrenzte Vorstellungen weniger getötet haben als vielmehr bereitwillig gestorben sind.

Benedict Anderson, Die Erfindung der Nation. Zur Karriere eines folgenreichen Konzepts, Frankfurt a.M. und Ney York 2005, S. 15 f.

M 8 Mythen

Der Politikwissenschaftler Herfried Münkler schreibt 2009 über die Entstehung nationaler Mythen in Deutschland:

Unter dem Einfluss der Französischen Revolution und der sich in ihrem Gefolge entwickelnden politischen Dynamik hatte Ende des 18. Jahrhunderts in Deutschland eine Suche nach Nationalmythen und Nationalhelden eingesetzt [...]. Vom wieder aufgefundenen Nibelungenlied bis zu Goethes Faust und Tacitus' Germania, vom Cheruskerfürst Hermann/Arminius über den Stauferkaiser Barbarossa bis zum Reformator Luther wurden literarische Texte und historische Personen auf ihre Tauglichkeit zu politischen Gründungs- und Orientierungsmythen getestet. In sagenumwobene Orte,

literarische Texte und historische Ereignisse wurde eine Bedeutung investiert, durch die sie über sich hinauswiesen, Geheimnisse bargen oder heilsgeschichtliche Versprechen enthielten. […]
Nationalmythen beschwören Gestalten der Vergangenheit, um Zukunft zu garantieren. Sie erheben den Anspruch, die Geschichte der Nation nicht nur zu deuten, sondern ihren Fortgang auch zu strukturieren. Dazu müssen sie freilich zwei große Herausforderungen bewältigen: Sie müssen die Komplexität des Geschehens reduzieren und dieses ethischen und ästhetischen Vorstellungen anpassen und sie müssen den Schrecken der Kontingenz wegerzählen, also die Furcht besänftigen, die nationale Geschichte sei womöglich nur eine bedeutungslose Episode der Weltgeschichte. Indem sie diesen beiden Anforderungen genügen, stiften Nationalmythen Vertrauen und Zuversicht, dass die Nation die groß und bedrohlich vor ihr stehende Zukunft meistern werde.

Herfried Münkler, Die Deutschen und ihre Mythen, Reinbek 2011, S. 12 u. S. 31.

M 9 Der lange Weg nach Westen

Der Historiker Heinrich August Winkler resümiert im Jahr 2000 den Weg des deutschen Nationalstaats bis in die Gegenwart:

In Wirklichkeit war die Gründung des deutschen Nationalstaats im 19. Jahrhundert ein widerspruchsvoller Vorgang: einerseits Verwestlichung, andererseits Festigung des Obrigkeitsstaates. Nicht die Lösung der Einheitsfrage stand am Beginn des Weges in die Katastrophe, sondern die Nichtlösung der Freiheitsfrage. Nicht der Nationalstaat, sondern der Mythos vom Reich, das mehr sein wollte als ein Nationalstaat, führte in die Selbstzerstörung Deutschlands in den Jahren 1933 bis 1945.
Im Jahre 1945 endete der antiwestliche Sonderweg des Deutschen Reiches. 1990 endeten der postnationale Sonderweg der alten Bundesrepublik und der internationalistische Sonderweg der DDR. Das wiedervereinigte Deutschland ist keine „postnationale Demokratie unter Nationalstaaten", sondern ein demokratischer, postklassischer Nationalstaat unter anderen. Die neue Bundesrepublik ist nicht weniger souverän als andere Mitgliedsländer der Europäischen Union, die ebenfalls Souveränitätsrechte an diese supranationale Gemeinschaft wie an eine andere, die atlantische Allianz, übertragen haben. […]
Deutschlands Weg nach Westen war lang und auf weiten Strecken ein Sonderweg. Und wenn auch alle Geschichte eine Geschichte von Sonderwegen ist, so gibt es doch einige, die noch besonderer sind als die anderen. Die Deutschen bedürfen der Vergegenwärtigung ihrer Geschichte aber nicht nur um ihrer selbst willen. Sie sind diese Anstrengung auch dem gemeinsamen Projekt Europa schuldig.
Eine europäische Identität wird sich nicht gegen die Nationen herausbilden, sondern nur mit ihnen und durch sie. Sie alle, die europäischen Nationen diesseits und jenseits des ehemaligen Eisernen Vorhangs, haben Anlass, sich mit ihrer Geschichte und ihren Mythen, den älteren wie den neueren, selbstkritisch auseinanderzusetzen.

Heinrich August Winkler, Der lange Weg nach Westen, München 2002, S. 655 u. S. 657

Aufgaben

1. ⊙⊙○ Erläutern Sie zwei unterschiedliche Verständnisse des Begriffes „Nation".
   → Text, M6, M7
2. ⊙⊙○ Analysieren Sie die Bedeutung politischer Nationalmythen.
   → Text, M8
3. a) ⊙⊙○ Der Historiker Heinrich August Winkler nennt die Bundesrepublik Deutschland einen „demokratischen postklassischen Nationalstaat unter anderen". Erläutern Sie diese Bezeichnung in eigenen Worten.
   b) ⊙⊙⊙ Nehmen Sie Stellung zu der Frage, ob es einen deutschen „Sonderweg" zu dieser Form des Nationalstaats gab. Begründen Sie ihre Meinung.
   c) ⊙⊙⊙ Welche Antwort würden Sie heute auf die Frage nach der deutschen Identität geben? Wer oder was ist heute deutsch? Begründen Sie Ihre Antwort.
   → Text, M9

Zusammenfassung und Ausblick

Im Mittelpunkt dieses Themenheftes stehen kritische Quellenanalysen und problemorientierte Darstellungen:

- zur nationalsozialistischen Ideologie und ihrer Umsetzung in die Praxis,
- zum Verhältnis zwischen Anpassung und Widerstand in der Bevölkerung,
- zur Aufarbeitung von Schuld und Verantwortung nach 1945 sowie
- zur Diskussion über den „deutschen Sonderweg" in der neueren Geschichte.

Darüber hinaus vermitteln regionalgeschichtliche Exkurse und Fallbeispiele neue, quellengestützte Einblicke:

- in die Entstehungsgeschichte der NSDAP im Raum Hannover-Göttingen,
- in den Aufbau des Konzentrationslagers Neuengamme bei Hamburg sowie
- in das künstlerische Schaffen des Malers Felix Nussbaum (geb. 1904 in Osnabrück, ermordet 1944 in Auschwitz-Birkenau).

Die historischen Dimensionen liegen gleichermaßen in der Politikgeschichte, Sozialgeschichte sowie in der Kultur- und Ideengeschichte.

Verfasser und Redaktion freuen sich über kritischen Zuspruch und Dialog, denn auch für die historische Forschung gilt der Satz Max Webers, wissenschaftlich überholt zu werden, ist „unser aller Schicksal [...]. Wir können nicht forschen, ohne zu hoffen, dass andere weiter kommen als wir." (Max Weber: Der Beruf zur Wissenschaft)

Zum Weiterlesen

- Götz Aly, Hitlers Volksstaat. Raub, Rassenkrieg und nationaler Sozialismus, Frankfurt a. M. 2005.
- Christopher Browning, Die Entfesselung der „Endlösung". Nationalsozialistische Judenpolitik 1939–1942, München 2003.
- Norbert Frei, Vergangenheitspolitik. Die Anfänge der Bundesrepublik und die NS-Vergangenheit, München 1996.
- Saul Friedländer, Die Jahre der Vernichtung. Das Dritte Reich und die Juden. Zweiter Band 1939–1945, München 2006.
- Eberhard Jäckel, Hitlers Weltanschauung. Entwurf einer Herrschaft, 4. Auflage, Stuttgart 1991.
- Ian Kershaw, Der NS-Staat. Geschichtsinterpretationen und Kontroversen im Überblick, Reinbek bei Hamburg 2006.
- Victor Klemperer, Das Tagebuch 1933–1945. Eine Auswahl für junge Leser. Bearbeitet von Harald Roth. Mit Anregungen für den Unterricht, 6. Auflage, Berlin 2002.
- Peter Longerich, „Davon haben wir nichts gewusst!" Die Deutschen und die Judenverfolgung 1933–1945, München 2006.
- Peter Reichel/Harald Schmid/Peter Steinbach (Hg.), Der Nationalsozialismus – Die zweite Geschichte. Überwindung, Deutung, Erinnerung, München 2009.
- Gerd R. Ueberschär, Für ein anderes Deutschland. Der deutsche Widerstand gegen den NS-Staat 1933–1945, Frankfurt a. M. 2006.

Zeittafel

1920	Adolf Hitler verkündet das Programm der NSDAP in München.
1923	Hitler-Putsch in München (8./9. November)
1933	
30. Januar	Reichspräsident v. Hindenburg ernennt Hitler zum Reichskanzler.
28. Februar	„Reichstagsbrandverordnung"
24. März	„Ermächtigungsgesetz"
7. April	„Gesetz zur Wiederherstellung des Berufsbeamtentums"
20. Juli	Konkordat mit dem Vatikan
1934	Deutsch-polnischer Nichtangriffspakt (26. Januar)
1935	
15. September	„Nürnberger Gesetze"
1936	Olympische Spiele in Berlin, Vierjahresplan zur Kriegsvorbereitung
1938	
12./13. März	Besetzung Österreichs durch deutsche Truppen
29./30. September	Münchener Konferenz und Münchener Abkommen
9./10. November	Pogrome der „Reichskristallnacht"
1939	
15. März	Besetzung Tschechiens und Eingliederung als „Protektorat"
23. August	„Hitler-Stalin-Pakt"
1. September	Überfall auf Polen, Beginn des Zweiten Weltkrieges, Beginn von Massenmorden an polnischen Juden
1940	
10. Mai	Beginn der deutschen Offensive im Westen gegen Frankreich
1941	
22. Juni	Einmarsch deutscher Truppen in die Sowjetunion; Einsatzgruppen der Sipo und des SD exekutieren Juden, Sinti, Roma u. kommunistische Funktionäre
11. Dezember	Deutsche Kriegserklärung an die USA
1942	
20. Januar	Wannsee-Konferenz in Berlin über die „Endlösung der Judenfrage" in Europa
Ende Juni	Erste Selektion in Auschwitz
1944	
6. Juni	Landung der Alliierten in der Normandie
20. Juli	Attentat auf Hitler
1945	
27. Januar	Befreiung des KZ Auschwitz durch sowjetische Truppen
30. April	Selbstmord Hitlers in Berlin
7./9. Mai	Bedingungslose Kapitulation der deutschen Wehrmacht

akg-images, Berlin: Titel Vordergrund, 4 u. li. (J. G. Wittenstein), 4 u. Mi., 7 M2, 11 M7, 13 M 9, 16 M15, 38 M1 (J. G. Wittenstein), 58 M12 o. + u. (H. Asemissen), 61 M16, 64 M4 + M5, 71 M3 + M4, 73 M6, 84 M16, 103 M3, 104 M4 (AP)
Archiv Yad Vashem, Jerusalem: 80 M13 (3)

Baaske Cartoons, Müllheim: 92 M5 (F. Behrendt)
Bildarchiv Preußischer Kulturbesitz, Berlin: 18 M20 (SMB/Kunstbibliothek/D. Katz). 20 M22 (BSB/H. Hoffmann), 20 M23 (SMB/Kunstbibliothek), 29 M6 + M7, 34 M16, 39 M2 + M3, 40 M5, 66 M7, 75 o.
Bundesarchiv Berlin: 16 M16 (SAPMO)
Bundesarchiv Koblenz: 16 M14 (Plak 003-002-046), 22 M25 (Bild 119-0030), 28 M5 (Bild 152-02-05), 32 M11 (Plak 003-018-034), 32 M13 (Plak 003-018-025), 32 M14 (Plak 003-018-014), 52 M1 (Bild 102-14471/G. Pahl), 74 u. (Bild 183-J08517/Schwarz)
Deutsches Historisches Museum, Berlin: 11 M6, 17 M17 + M18, 32 M12

ddp images, Hamburg: 51 M10

Fotolia.com: Titel Hintergrund (© Max)

Gedenkstätte Bullenhuser Damm, Hamburg: 36 (2)
Gedenkstätte Deutscher Widerstand, Berlin: 43 M8

Haus der Wannseekonferenz, Berlin: 70 M2

Interfoto, München: 70 M1 (imagebroker/S. Frohn)

Keystone Pressedienst, Hamburg: 4 o. li., 53 M2

Landesarchiv Baden-Württemberg, Stuttgart: 4 Mi., 54 M3

Magistrat der Universtitätsstadt Marburg: 57 M8 + M11
Medienzentrum, Bildstelle, Hanau: 55 M5

Picture Alliance, Frankfurt/M.: 4 u. re. (dpa/S. Kugler), 35 M18 (dpa/S. Stache), 90 M2 (dpa/Sperling), 91 M3 (dpa/M. Laub), 97 M10 (dpa/W. Kumm), 102 M2 (dpa/Wieseler), 105 M5 (dpa/J. Schmitt)

Städtisches Museum Göttingen: 24 M26
Stadt Osnabrück: 85 M17 (Herbert Pentermann), 85 M18
Stehle, K., München: 8 M3
Süddeutsche Zeitung Photo, München: 90 M1 (Amerika Haus), 98 M13 (S.M.)

teamwork, Hamburg: 35 M17 (U. Gehner)

ullstein bild, Berlin: 4 o. re. + 9 M4 (Süddeutsche Zeitung Photo), 27 M1–M3, 39 M4 (Borgas), 46 M1 (Süddeutsche Zeitung Photo), 60 M15 (Granger Collection), 62 M1 (Archiv Gerstenberg), 63 M2 (Süddeutsche Zeitung Photo), 65 M6 (Voller Ernst/J. Chaldej), 93 M6 (Dpa)

© **V**G Bild-Kunst, Bonn 2011: Titel Vordergrund, 84 M16

Westermann Archiv, Braunschweig: 49 M8 (Sammlung Sterz/Süpple)

alle übrigen Karten und Schaubilder: Westermann Kartographie/Technisch Graphische Abteilung, Braunschweig